中青年经济学家文库

本书受到河南财经政法大学博士点团队建设项目资助

中国经济转轨中的公司治理：发展的视角

王庆娟　著

经济科学出版社

图书在版编目（CIP）数据

中国经济转轨中的公司治理：发展的视角/王庆娟著.
—北京：经济科学出版社，2013.9
（中青年经济学家文库）
ISBN 978 - 7 - 5141 - 3774 - 3

Ⅰ.①中…　Ⅱ.①王…　Ⅲ.①公司 - 企业管理 - 研究 -
中国　Ⅳ.①F279.246

中国版本图书馆 CIP 数据核字（2013）第 215171 号

责任编辑：袁　溦
责任校对：杨　海
版式设计：代小卫
责任印制：邱　天

中国经济转轨中的公司治理：发展的视角
王庆娟　著
经济科学出版社出版、发行　新华书店经销
社址：北京市海淀区阜成路甲 28 号　邮编：100142
总编部电话：010 - 88191217　发行部电话：010 - 88191522
网址：www. esp. com. cn
电子邮件：esp@ esp. com. cn
天猫网店：经济科学出版社旗舰店
网址：http：//jjkxcbs. tmall. com
北京密兴印刷有限公司印装
710 ×1000　16 开　11.25 印张　210000 字
2013 年 9 月第 1 版　2013 年 9 月第 1 次印刷
ISBN 978 - 7 - 5141 - 3774 - 3　定价：38.00 元
（图书出现印装问题，本社负责调换。电话：010 - 88191502）

前　　言

公司治理是股份公司的必然产物，它的出现和演化与股份公司的产生和发展紧密相随，并受外部环境的影响。可以说什么时候存在股份公司，什么时候就有公司治理问题。20 世纪 80 年代后，全球掀起公司治理研究热潮，美英国家出现了敌意接管和公司重组浪潮，在 21 世纪初又频频出现大公司财务丑闻；日本则由于资本市场管制缓和而出现泡沫经济，由此造成了企业巨额债务及长期的经济衰退；欧洲在经济一体化进程中，不同国家的公司制度和法律出现磨合与冲突；转轨国家在国有企业私有化过程中，出现严重的内部人控制问题；在经济全球化进程中，资本在全球的移动对许多国家企业的投融资、运作方式及政府的市场管制产生了程度不同的影响和冲突。所有这些问题都直接或间接与公司治理连在一起，故使得公司治理成为全球范围内普遍关注的一个热门问题，并掀起了激烈争论。

近年来，随着经济的发展，经济转轨国家已经越来越意识到公司治理的重要性。董事、股东、公司管理层以及政府都已经开始意识到建立一个好的公司治理结构可以从中获益。良好的公司治理有益于企业更容易获得投资，降低企业经营的风险，提高经营的效率。同时对一个国家来说，良好的公司治理状态可以促进资本市场健康发展、降低金融体系的风险、提高企业竞争力。中国公司治理的发端、演进与发展，是中国经济体制由计划经济向市场经济转变，资本市场从无到有并逐步发展，以及企业由行政附属产物向现代化公司制度迈进后的一种内在需要。我国公司治理改革二十多年以来，已经初步建立了公司治理的框架体系，但是在现实中还存在治理机制失灵、治理效率较低的种种问题。治理结构改革并不是一个单项改革，涉及建立现代企业制度的许多重要方面，联系着企业改革、金融改革、政府管理企业方式改革，以及市场发育等许多重要改革。正因为它是建立现代企业制度的核心，涉及面广，既要解决公司制企业面临的一般问题，还要解决我国面临的特殊问题。中国作为渐进式改革的代表性国家以及渐进式改革模式的创造者，更加有效的公司治理模式改革及其推进，不仅有益于自身发展，而且也有助于给其他转型经济国家提供借鉴。

  本书通过对世界上典型的三种公司治理模式发展历程的梳理与分析，以及目前世界公司治理趋同与变革趋势的分析，在结合中国公司治理发展历程和发展现状剖析的基础上，提出了中国公司治理未来发展模式的整体框架和关键政策建议。本书分为六章。第一章为本书的理论基础，该部分在阐述交易成本理论、委托代理理论、相关利益者理论等公司治理的理论基础上，对公司治理的内涵进行了分析。指出公司治理是包括内部治理和外部治理在内的协调利益相关者利益关系的一系列正式和非正式的制度安排。然后，本书分析了世界上典型的公司治理模式以及其影响公司治理模式的主要因素。最后，对经济转轨国家公司治理面临的主要问题进行了分析。第二章分别介绍了英美外部市场型公司治理模式、德日内部控制型公司治理模式、东亚家族控制型公司治理模式的产生背景、形成过程、主要特征、形成原因，并对其进行了评价。在此基础上，对这三种模式从目标导向、资本结构、主要治理机制、内部公司治理结构、经理人的激励机制、公司治理文化方面进行了比较分析。第三章在第二章的基础上，探讨了全球公司治理的趋同与发展，分析了全球公司治理模式趋同与发展的规律，并论述了全球公司治理趋同与发展对中国公司治理发展的启示。第四章从中国经济转轨的历程、中国国有企业的改革与发展、中国资本市场的发展历程和中国公司治理制度的历史演变等几个方面梳理了中国经济转轨过程中公司治理的发展变化。该章的分析有助于理解中国公司治理现状和特征的形成原因。第五章分析了中国公司治理的经济环境、政治法律环境和社会环境现状，并从股东治理、董事会治理、监事会治理、经理层治理、信息披露、利益相关者治理等方面剖析中国目前经济转轨中公司治理的特征。在此基础上，论述了中国目前公司治理中存在的问题。第六章在分析公司治理模式选择的原则和中国现实条件的基础上，提出了中国未来公司治理的主导目标模式将是建立在以资本市场为主导的外部监控基础上的相关利益者共同治理模式，并提出了中国未来公司治理发展的政策建议。

  由于本书涉及的领域较多，笔者的学术水平有限，使得本书在研究深度、广度与实用性等方面难免有许多值得商榷之处。希望各位专家、学者、读者不吝赐教。

作 者

2013 年 8 月

目　　录

导　　论

一、

研究背景

公司治理是个全球学者共同关注的话题，由于经济、政治、法律基础和历史文化传统不同，不同的国家、地区在一定的时期，其内外部公司治理机制的实现形式以及在公司治理中发挥的作用各不相同，公司治理表现出不同的特征，形成了不同的公司治理模式。世界上典型的公司治理模式有：以英美为代表的外部市场治理模式；以日本、德国为代表的内部控制型模式；以东亚为代表的家族控制模式。

1998 年前后的亚洲金融危机暴露了亚洲公司治理的薄弱，如信息披露不充分、缺乏对中小投资者的保护等。金融危机后，亚洲各国开始认识到，家族式资本主义、松懈的规章和监管不力、无力的公司治理系统，是造成危机的内在原因（Chong Nam，Yeongjae Kang & Joon-Kyung Kim，2004）。在此背景下，亚洲国家（地区）包括中国香港、韩国、新加坡、泰国、马来西亚等都参照世界经济合作与发展组织（OECD）的公司治理原则与经验，制定了本国公司治理准则，以期提升公司治理水准。20 世纪 80 年代初，英国爆发了 BCCI、Guinness、Polly Peck 和 Maxwell Communications Group 等一连串知名公司财务舞弊案，引发了英国的理论和实务界对公司治理问题的高度关注和激烈讨论。而 20 世纪 90 年代以来，在日本、欧洲大陆等内部控制导向型公司治理模式国家，公司治理体制存在的缺陷引发了长期经济萧条、金融危机等宏观经济恶化问题，这些国家公司治理模式开始向外部市场治理方向改革。20 世纪末至 21 世纪初，随着新经济的泡沫破灭，英美经济逐渐暴露出问题，尤其是 2001 年以来，美国的能源巨头安然（Enron）公司、第二大电信公司世通（WorldCom）公司也先后出现巨额财务舞弊事件，导致人们对美国公司治理的模式开始反思。以此为开端，全球范围内出现了公司治理改革的运动。

对于经济转轨国家来说，公司治理问题更为重要也更为复杂，由于市场机制的不健全，许多外部监控基本机制（如金融市场、银行的独立性、新闻自由、尊重少数股东的权利）仍然缺位或者说大部分失灵，而公司内部治理又普遍存在严重的"内部人"控制问题，同时，政府还存在着对企业经营一定的干预。由于历史与文化的原因，几乎所有由计划经济向市场经济转轨的国家大都出现了严重的公司治理问题，这些问题极大地打击了投资者的信心，并妨碍了这些国家经济体系的健康发展，甚至可能造成其经济体系的崩溃。于是，转型经济中的公司治理问题成为理论界和实务界探讨的热门话题。

对于中国来说，公司治理改革发端于国有企业的改革，在国有企业由行政附属向现代企业转变的过程中逐步发展，并随着资本市场从无到有以及上市公司群体的发展壮大而不断完善。中国公司治理是企业由行政附属物向现代化公司制度迈进后的一种内在需要。中国的公司治理经过了二十余年的发展，经过监管部门和企业的共同努力，治理结构和机制建设已经取得了明显的成效，为公司治理有效性搭建了基本的架构。但是，中国公司治理的有效性还普遍偏低，主要表现在内部公司治理机制弱化，"内部控制人"现象严重，外部治理机制失灵，中小股东的利益受到严重损害等。

2008 年以来，因美国次级住房贷款问题而引发的金融海啸，已演变成为百年一遇的全球性金融危机。美国次贷危机迅速演变成为全球金融危机的根本原因，除美国货币政策失误导致严重泡沫经济等因素外，其背后也暴露出美国式公司治理机制存在的诸多问题与缺陷。这次美国次贷危机的实质，从微观层面分析也可以说是一场金融企业的公司治理危机。由此，人们不得不对近百年以来一直被世界各国或地区仿效并主导世界公司治理走向的美国式公司治理模式进行反思，从中吸取经验与教训。这次金融危机使人们更加认识到科学技术的进步和经济的全球化已使全球发展失去平衡，公司治理对于国家的未来发展会越来越重要。与此同时，中国上市公司股权分置改革后及国际化发展进程中，新兴加转型的资本与证券市场也面临诸多新的监管与公司治理课题，成为关注的焦点，亟待从规则和实践两个层面思考和寻求解决问题的系统化方案。

二、

研究目的和意义

（一）研究目的

本研究通过对世界典型公司治理模式发展历程以及发展趋势的梳理，希望能够总结出公司治理发展的一般规律；通过对中国经济转轨特征、公司治理历史演变和现实情况的分析，结合公司治理发展的一般规律，探索中国未来公司治理的发展方向和具体政策支持。

（二）研究意义

本研究对于理论文献的贡献主要在于以下两点：第一，以转型经济为背景的公司治理分析丰富了公司治理领域的相关概念范畴和理论体系，因此具有一定的理论意义与学术价值。第二，丰富了经济转轨体公司治理的文献。中国作为经济转轨国家之一，其公司治理问题既有特性，又有一定程度上的共性，对中国转轨过程中公司治理的研究丰富了经济转轨体公司治理的研究内容。第三，从历史发展的视角，在对典型国家公司治理发展历程分析的基础上，梳理了中国公司治理发展的脉络，在此基础上，系统地分析了中国公司治理存在的问题和未来的发展方向与具体政策选择，丰富了中国公司治理发展思路的理论研究。

本研究的实践意义主要在于：第一，本研究比较分析了国际公司治理的发展，并分析了中国转型经济的特征，为公司治理政策的制定提供了一个全面、系统的视角。第二，本研究提供了未来公司治理发展的模式和具体政策建议，可以为我国公司治理改革提供一定的参考。

三、

研究内容和框架

（一）研究的内容

本书对中国经济转轨中公司治理的探讨包括以下六章的内容。

第一章，公司治理概述。该章是本书的理论基础，在阐述交易成本理论、委托代理理论、相关利益者理论等公司治理的理论基础上，对公司治理的内涵进行了分析。指出公司治理是包括内部治理和外部治理在内的协调利益相关者利益关系的一系列正式和非正式的制度安排。然后，本书分析了世界上典型的公司治理模式以及影响公司治理模式的主要因素。最后，对经济转轨国家公司治理面临的主要问题进行了分析。

第二章，世界典型公司治理模式的考察与分析。分别介绍了英美外部市场型公司治理模式、德日内部控制型公司治理模式、东亚家族控制型公司治理模式的产生背景、形成过程、主要特征、形成原因，并对其进行了评价。在此基础上，对这三种模式从目标导向、资本结构、主要治理机制、内部公司治理结构、经理人的激励机制、公司治理文化方面进行了比较分析。

第三章，全球公司治理模式的趋同与发展。在分析全球公司治理改革与趋同的原因和背景的基础上，分别探讨了英美外部市场型公司治理模式、德日内部控制型公司治理模式、东亚家族控制型公司治理模式的变革和发展。在此基础上，分析全球公司治理模式趋同与发展的规律，并论述了全球公司治理趋同与发展对中国公司治理发展的启示。

第四章，中国经济转轨中公司治理的历史演变。从中国经济转轨的历程、中国国有企业的改革与发展、中国资本市场的发展历程和中国公司治理制度的历史演变等几个方面梳理了中国经济转轨过程中公司治理的发展历程。该部分的分析有助于理解中国公司治理现状和特征的形成原因。

第五章，中国经济转轨中公司治理的现实考察。该章分析了中国公司治理的经济环境、政治法律环境和社会环境现状，并从股东治理、董事会治理、监事会治理、经理层治理、信息披露、利益相关者治理等方面剖析中国目前经济转轨中公司治理的特征。在此基础上，论述了中国目前公司治理中存在的问题。

第六章，中国公司治理模式的未来选择与相关政策建议。在分析公司治理模式选择的原则和中国现实条件的基础上，提出了中国未来公司治理的主导目标模式将是建立在以资本市场为主导的外部监控基础上的相关利益者共同治理模式，并提出了中国未来公司治理发展的政策建议。

（二）研究的思路

本书的研究思路如图 0 - 1 所示。

```
┌──────────────┐
│   公司治理概述   │─────────────┐
└──────┬───────┘             │
       │                     │
       ▼                     ▼
┌──────────────┐    ┌──────────────┐
│ 世界典型公司治理模式的考 │    │ 中国经济转轨中公司治理 │
│   察与分析   │    │   的历史演变   │
└──────┬───────┘    └──────┬───────┘
       │                     │
       ▼                     ▼
┌──────────────┐    ┌──────────────┐
│ 全球公司治理模式的趋同与 │    │ 中国经济转轨中公司治理 │
│     发展     │    │   的现实考察   │
└──────┬───────┘    └──────┬───────┘
       │                     │
       └──────────┬──────────┘
                  ▼
       ┌──────────────┐
       │ 中国公司治理模式的未来 │
       │ 选择与相关政策建议 │
       └──────────────┘
```

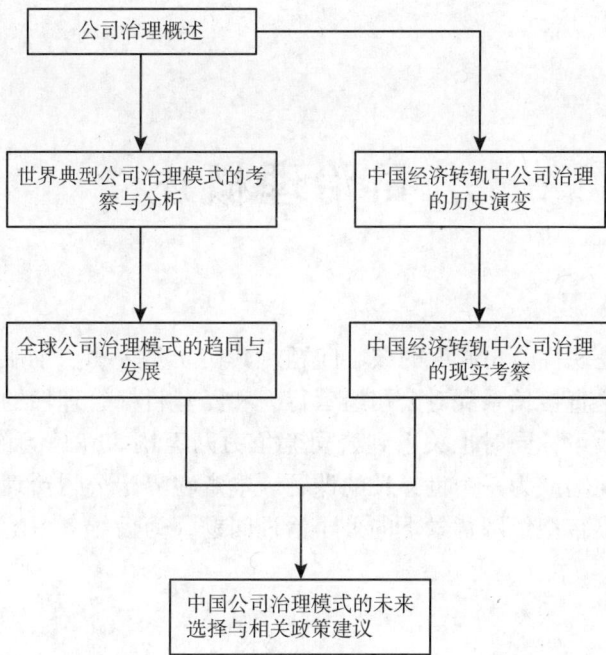

图 0 - 1　研究思路

（三）研究方法

1. 理论分析和实践分析相结合

在对公司治理的理论研究方面，广泛借鉴国内外现有研究成果，并充分分析和考证中国经济转轨中公司治理的现状和存在的问题，通过理论的推演和实践分析的结合，提出了中国公司治理未来发展模式的新构想。

2. 纵向分析与横向比较相结合

一方面，对整个中国公司治理的发展历程和世界典型国家公司治理的发展历程进行纵向的分析，旨在总结公司治理发展过程中的规律和影响因素，以及中国公司治理发展现状的深层次原因。另一方面，又通过国际横向对比，对由于各国经济、政治、历史文化传统等差异形成的各具特色的公司治理模式，总结出一国公司治理的发展必须考虑的现实因素，为立足中国国情，提出未来公司治理发展模式和政策建议提供依据。

第一章

公司治理概述

公司治理是现代公司制度的核心问题，其实质是公司为谁服务，由谁控制的问题。由于这直接关系到对公司经营行为和经营目标合理性的评价以及政府对公司行为的政策，同时也关系到公司竞争力乃至国家竞争力的形成，因此，研究公司治理问题成为一个世界性的课题。本章在界定公司治理及其相关概念的基础上，提出转型经济背景下的公司治理问题，为后续各章的分析奠定理论基础。

一、

公司治理的理论基础

在对公司治理问题的研究过程中，众多学者从不同角度对公司治理理论进行了研究，其中具代表性的是交易成本理论、委托代理理论和利益相关者理论，它们构成了公司治理理论和实践基石。

（一）交易成本理论

"交易成本"的概念最早由罗纳德·科斯（Ronald H. Coase，1937）提出，并应用于经济分析。在科斯之前，新古典经济学家把企业看作是一个组合各种生产要素，生产并出售各种产品或服务的经济组织，他们认为企业是实现经济规模、专业化生产的一种手段。然而，新古典企业理论并没有回答为什么会有企业的根本问题，而是把企业的存在作为基本假设。科斯认为，在企业外部，生产通过市场交易进行，受价格机制的指导；在企业内部，价格机制不再起作用，交易行为受管理者的指示或者命令而发生。科斯把交易成本界定为包括度量、界定和保障产权的费用，发现交易对象和交易价格的费用，讨价还价、订立合同的费用，以及督促契约条款严格履行的费用等。科斯认为，外部市场交易会产生成本，而企业内部的权利安排本身也会产生成本，例如权利集中导致失误或者管理的僵化等。在某些情形下，企业内部交易成本要低于企业外部市场交易成本，为了降低成本，企业作为市场机制的替代物而出现，此即企业的性质所在。科斯从资源配置方式的角度，运用交易费用的概念，找到了企业与市场的不同点，即市场是通过非人格化的价格机制自发进行的；而在企业内部，则是通过官僚组织结构为基础的行政权威来实现的，对两者的选择取决于市场交易成本和行政管理成本之间的比较。科斯把企业和市场看做是两种可以互相替代的协调经济活动的手段。企业的产生和发展是市场交易的一种内化，这种内化尽管会带来管理成本，但是可以节省市场交易成本。企业与市场的边界就取决于管理成本和交易成本的边际值相等的那一点。

交易成本理论直接源于科斯企业理论关于企业为节约交易成本而产生的认识，而奥利弗·威廉姆森（Oliver Eaton Williamson）在科斯理论的基础上提出了交易成本理论。威廉姆森（1984）从资产专用性、有限理性和机会主义三个方面来说明不同交易的性质，而资产专用性是其中最重要的区分标志。"资产专用性"指的是投资一旦付出就很难转变为其他用途，除非付出较高的生产性价值成本。资产专用性可以是地点专用、物质专用、人力专用、品牌专用等。"有限理性"指人的行为通常是有意识地理性，但这种理性是有限的。造成理性有限的原因，一是由于环境的复杂性，二是由于人类计算和认识能力的有限性。机会主义即行为的不确定性，在签订一个契约的过程中，"机会主义"行为将主要体现在两个方面：一是在签约之前，签约人可能隐藏对自己不利的信息；二是在签约之后，签约人可能会私下里干出有利于自身，但损害对方利益的行为。威廉姆森认为，"资产专用性"、"有限理性"和"机会主义"共同决定了交易成本的存在。更为具体地说，交易成本可以分为"事前"（签约前）的交易成本和"事后"（签约后）的交易成本。未来是不确定的，人们由于"有限理性"，不可能在签约前完全预期到未来发生的一切，因此为了防止对方的"机会主义"行为，尤其是在签约后利用"资产专用性"对己方进行敲诈的可能性，缔约的双方需要在签约前详细考察对方、仔细界定各自的权责利。显然，在此过程中会付出很大的成本，这就是所谓的"事前交易成本"。尽管人们可能在签约前做很多努力，以防止签约后的不便，但由于"有限理性"的存在，人们在一纸契约里不可能把各方面的可能情况都包括进去，这就给签约后双方可能的矛盾埋下了伏笔。在签约后，缔约双方需要用各种方式维护契约，当然也可能会出于种种原因要求变更契约、解除契约，在这些过程中，发生的成本就是"事后交易成本"。威廉姆森认为在人的机会主义动机作用下，资产的专用性越高，交易的不确定性越大，交易产生的频率越高时，企业越倾向于以纵向一体化的方式内部化市场，因为在企业内部，权威关系可以制约机会主义。

威廉姆森在细化了科斯的"交易成本"概念后，马上应用这个概念来解释企业的性质和公司治理等问题。由于"有限理性"的存在，因此再仔细的契约也不可能完全预见到未来的各种情况；而由于"机会主义"的存在，签约双方都有可能在签约后出现拒绝合作、再谈判，甚至毁约的情形。怎样才能让一个有价值的契约长期地持续下去呢？威廉姆森认为，这就需要诉诸一个能够为契约"提供秩序、转移矛盾、实现共赢"的治理结构。在威廉姆森看来，企业的本质就是一种治理结构，而公司治理的主要问题在于：建立董事会是为了满足哪些（如果确实存在）治理上的需要？如果所有利益集团的代表都进入董事会，会出现什么后果？经营者自主决策与企业组织形式之间是一种什么关系？他认为，首先应该把董事会看作一种治理结构的保护者，以维护企业与股份资本所有者之间的关系；其次应把董事会看作是维护企业与其经营者之间关系的一种方式。虽然其他利益集团有时也被邀请进入董事会，但那只限于以互相信任的方式定期通报信息。董事会的另一个主要任务是对有疑问的净收益分配方案进行调整。这样，就能更好地提示大多数利益集团，使他们能按照契约规定的利益分配机制，完善他们与企业之间的关系。

（二）委托代理理论

在公司治理不断向纵深发展的过程中，迈克尔·詹森（Michael C. Jensen）的贡献是极其重要的。1976 年，詹森和威廉·麦克林（William H. Meckling）合作发表《企业理论：经理行为、代理成本和所有权结构》[①]，这是一篇经济和社会科学文献中被引述最多的论文之一，有的学者甚至认为这篇文章是公司治理理论研究的真正发端。此后，詹森就公司控制权市场、代理成本与自由现金流、绩效报酬与经理激励、控制和决策机制等公司治理问题进行了广泛而深入的研究。詹森（1983，1986，1990）关于公司治理理论的核心是代理关系和代理成本。

詹森认为在公司制企业中，由于所有权和经营权的分离，产生了代理问题。代理问题主要包括两类：一是道德风险问题，二是逆向选择问题。道德风险问题直接源于委托人不能监督和控制代理人的行为，而逆向选择问题则源于委托人不能评价代理人的行为是否符合他们的利益。因所有权和经营权分离而引发的代理问题，换言之，就是如何控制管理者按照股东利益最大化的目标行事的问题。从

---

① Michael C. Jensen and William H. Meckding. Theory of the firm: managerial behavior, agency costs, and ownership structure [J]. Journal of Financial Economics. 1976, 10 (3): 60 - 305.

委托人的立场来看，他必须设计一种契约或机制，以激励和约束代理人，使代理人的决策倾向有利于委托人效用的最大化。詹森把代理成本分为三类：一是委托人的监督成本，是指委托人对代理人进行的适当激励，以及所承担的用来约束代理人越轨行为的费用；二是代理人的保证成本，是指代理人为保证不采取某种危及委托人的行为而向委托人作出的补偿承诺或支付的保证金；三是剩余损失，是指因代理人的决策与使委托人福利最大化的决策之间存在某种偏差而造成的委托人的福利损失。

詹森认为对公司经理的代理人机会主义，存在着若干有力的遏制机制，这就是公司治理机制，公司治理就是为了降低代理成本。公司治理机制包括公司内部的激励和约束机制，包括定期的内部审计和外部审计、强制性预算控制、股东大会和为股东服务的审计委员会、激励性报酬体系、按业绩定职位等；公司外部的竞争性市场，包括经理市场、信息市场、公司控制权市场（又称公司接管市场）和产品市场等。詹森强调，竞争和确保透明信息的规则对具有机会主义倾向的经理直接构成了潜在的威胁和惩戒，从而增强了股东的控制。换言之，市场竞争的无情压力有助于强化公司所有者的权利，减少代理成本，提高由股价衡量的公司价值。相对来讲，市场的作用在委托代理理论中得到了强化。

奥利弗·哈特（Oliver Hart，1995）在《公司治理：理论与启示》一文中提出了公司治理理论的分析框架，对委托代理理论进行了进一步的阐述。他认为，公司治理问题产生的条件有两个：一是代理问题，确切地说是组织成员（可能是所有者、管理者、工人或消费者）之间存在利益冲突；二是交易费用之大使代理问题不可能通过合约解决。他这样解释道，在没有代理问题的情况下，公司中所有的个人都可以被指挥去追求利润或企业净市场价值的最大化，或者去追求最小成本，个人因为对公司活动的结果毫不关心而只管执行命令，每个人的努力和其他各种成本都可以直接得到补偿，因此不需要激励机制调动人们的积极性，也不需要治理结构来解决争端，因为没有争端可言。如果出现代理问题并且合约不完全，则公司治理结构就至关重要。由此可以看出，哈特是将代理问题和合约的不完全性作为公司治理存在的条件和理论基础。

总之，委托代理理论的基本思想是：公司股东是公司的所有者，即委托代理理论中所指的委托人中，经营者是代理人。代理人是自利的经济人，具有不同于公司所有者的利益诉求，具有机会主义的行为倾向。所以，公司治理的中心问题就是解决代理风险问题，即如何使代理人履行忠实义务，具体地说，就是如何建立起有效的激励约束机制，督促经营者为所有者（股东）的利益最大化服务。委托代理理论自形成以来，成为解释公司治理结构成因和作用的主流理论。但是它过分夸大了市场的效率和经营者的机会主义倾向。相反，经营者总是以市场信号作为其行为决策的准则，这造成了其为保护自己的权利和职位而追求短期利益的倾向，不利于企业长期的发展。

（三）利益相关者理论

作为一个较为成形的理论，利益相关者理论产生于 20 世纪 60 年代，它是在对美、英等国奉行"股东至上"公司治理实践的质疑中逐步发展起来的。"股东至上"的治理模式，认为股东拥有企业，企业的运行必须仅仅为股东的利润最大化服务。当时，坚守股东中心理论的英美等国经济迅速滑坡，而奉行利益相关者理论的德、日等国经济迅速崛起。研究者认为产生这种局面的原因之一在于股东中心理论使企业经理始终处于严重的短期目标之中，损害公司雇员等利益相关者和企业长期发展的利益。而利益相关者理论认为利益相关者拥有企业，企业的经营活动应注重公司利益相关者的利益要求。但总体而言，当时还是股东至上理论占据了主流地位。利益相关者理论在 20 世纪 80 年代中期取得了长足进步，原因是美英等国兴起一股公司之间敌意收购（Hostile Takeover）之风，敌意收购者高价收购被收购公司的股票，然后重组公司高层管理人员，通过收缩规模，裁减员工来降低成本，以保证股价上扬来维护股东的利益。所以敌意收购行为在很大程度上损害了企业经理、一般员工、供应商、社区等企业利益相关者的利益。同时德国和日本的公司通过和金融部门、雇员、董事会建立长期的合作关系所取得的成效，使利益相关者的治理引起了人们的关注。

国内学者普遍认为，斯坦福大学的研究者在 20 世纪 60 年代首先给"利益相关者"下了定义，他们认为利益相关者对企业来说是存在这样一些利益群体：如果没有他们的支持，企业就无法生存。这个定义对利益相关者界定的依据是某一群体对于企业的生存是否具有重要影响。虽然这种界定方法是从非常狭义的角度来看待利益相关者的，但是它毕竟使人们认识到，企业存在的目的并非仅为股东服务，在企业的周围还存在许多关乎企业生存的利益群体。进入 20 世纪 80 年代以后，随着经济全球化的发展以及企业间竞争的日趋激烈，人们逐渐认识到经济学家早期从"是否影响企业生存"的角度界定利益相关者的方法有很大的局限性。弗里曼（Freeman，1983）对利益相关理论做了较为详细的研究，他认为"利益相关者是能够影响一个组织目标的实现或者能够被组织实现目标过程影响的人"。这个定义不仅将影响企业目标的个人和群体视为利益相关者，同时还将受企业目标实现过程中所采取的行动影响的个人和群体也看作利益相关者，正式将当地社区、政府部门、环境保护主义者等实体纳入利益相关者管理的研究范畴，大大扩展了利益相关者的内涵。

另外，在当时的现实社会中，劳资冲突、工业污染等一系列问题也引发了人们的思考：公司是否不应仅寻求公司股东的最大利益，也应对其消费者、供应商、债权人、员工乃至公司所在地附近一般社区利益加以考虑？按照这一思路，企业所有的利益相关者，包括企业的雇员、顾客、原料供应商、当地社区成员以及环保组织等都应该在企业的董事会中拥有发言权。这种"利益相关者"理论最早主张为保护公共利益，董事会不仅应由股东选出，还应由员工及其他利益相关者选出，以达成企业组织的民主化。这一观点在 20 世纪 60 ~ 80 年代初普遍被消费者主权的倡导者、环境保护主义者和社会活动家所接受，并于 20 世纪 80 年代被部分公司经理人员用来作为其反接管政策的支持论点。在公司治理方面，利益相关者理论认为治理改革的要点在于：不应把更多的权利和控制权交给股东。相反，公司管理层应从股东的压力中分离出来，将更多的权利交给其他的利益相关者。其中，一个重要的改革方案是增加职工的所有权和职工对公司财产的控制权。

在苏联解体和东欧剧变后，约瑟夫·E·斯蒂格利茨（Joseph E. Stiglitz, 1998）针对苏东转轨经济的情况指出："简单化地将国有资产出售或转让而不考虑利益相关者的权益，导致国有资产流失、工人下岗、银行呆账，进而损害储户利益，政府税收也受到损失，这显然是不妥当的。有效的公司治理应是经济转型成功的关键，其治理主体的确立直接影响到治理效率和效果。"以斯蒂格利茨为代表的新经济发展理论所指的公司治理，其实已经远远超出了传统意义上的公司治理问题，它涉及企业外部环境，包括法律体系、金融系统和竞争性市场等，也包括企业内部的激励机制和监管机制。

1995 年，玛格丽特·M·布莱尔（Margaret M. Blair）出版了《所有权与控制：面向 21 世纪的公司治理探索》①，系统地提出了她的公司治理理论。布莱尔关于公司治理理论的核心是利益相关者价值观，即公司不仅对股东，而且要对经理、雇员、债权人、顾客、政府和社区等更多的利益相关者的预期作出反应，并协调他们之间的利益关系。在布莱尔之前，尽管威廉姆森等人也曾强调要关注股东以外的其他利益相关者的利益，但他们分析的落脚点却是对股东利益的保护。布莱尔的贡献则在于：她没有从传统的股东所有权入手来假定股东对公司的权利、索取权和责任，而是认为公司运作中所有不同的权利、索取权和责任应该被分解到所有的公司参与者身上，并据此来分析公司应该具有什么目标，它应该在哪些人的控制下运行以及控制公司的人应该拥有哪些权利、责

---

① Margaret M. Blair. Ownership and Control: Rethinking Corporate Governance for the Twenty-first Century. The Brookings Institution, Washington, D. C. 1995. （中译本由中国社会科学出版社于 1999 年出版。）

任和义务，在公司中由谁得到剩余收益和承担剩余风险。布莱尔认为，尽管保护股东的权利是重要的，但它却不是公司财富创造中唯一重要的力量。过度强调股东的力量和权利会导致其他利益相关者的投资不足，很可能破坏财富创造的能量。布莱尔强调，以股东"所有权"作为分析公司治理的出发点，是彻底错误的。

布莱尔通过剖析三种公司治理观，对"股东利益至上"的观点进行了批判。第一种观点是所谓"金融模式"，认为公司由股东所有并进而应按股东的利益来管理。由于公司股票分布在成千上万的个人和机构手中，这些股票的持有者在影响和控制经营者方面力量过于分散，因而使得经营者在管理公司的过程中浪费资源并让公司服务于他们个人的利益。因此，应该通过改革使经理人员对股东的利益更负有责任。第二种观点是所谓"市场短视模式"，认为金融市场是缺乏忍耐性的和短视的，股东们更愿意短期的利益大一些，不愿意公司进行研究和开发等方面的长期投资。因此，改革的方法是将经理人员从短期压力中解放出来，刺激他们进行长期投资，以实现股东的长期利益。第三种观点是所谓"股东利益与社会利益一致论"，认为公司为股东创造更多的财富，就会形成最佳的社会总财富。布莱尔指出，以上三种模式其实都有一个核心内容，即当公司为股东的利益而运行时，它同时也就是最佳地服务于社会了。布莱尔认为，如果公司的运行仅仅只是为了股东的利益，那么它对整个社会未必是最有意义的。但是，公司的目标应该至少与社会的利益相和谐。在这里，布莱尔触及了公司准确的社会功能以及它应该为谁的利益服务的问题。按照布莱尔的看法，包括股东、职工、社区等在内的利益相关者向公司提供了专用性资产，从而承担了相应的公司经营风险，因而应让他们参与公司治理，公司应关注他们的利益，并使这种利益得到增长。

在利益相关者理论指导下，公司治理问题可以更广泛地理解为一种法律、文化和制度性安排的有机整合，这一整合决定了公司行为的范围、控制权的归属、控制权行使的方式和程序、风险承担与收益分配的机制等。利益相关者理论拓展了公司的治理范围，使企业更着重于对长期目标的追求和持续的发展，而不只是注重短期效益。随着经济全球化的发展，声誉、信任、承诺及人力资本将成为企业发展中越来越重要的因素，良好的声誉、独特的组织文化、管理和研发人才、与客户供应商之间的战略伙伴关系形成企业稀缺的、有价值的、竞争对手难以模仿或难以替代的资产，这些资产使企业创造了超越对手的竞争优势。时代的发展使利益相关者理论在公司治理理论和实践中越来越受到重视，而成为公司治理理论的发展方向。2004年世界经济合作与发展组织对其1999年发布的《治理原则》进行了修订，发布了《公司治理原则》的修订版。相对于1999年版，修订版更强化了企业发展的各方利益相关者的平衡协调，这也反映了公司治理实践的发展方向。

如上所述，交易成本理论研究了企业与市场的关系、企业的边界及企业存在的原因，着重解决公司与市场关系问题；代理理论则在此基础上将研究重点放在揭示企业内部结构及运行的方式，即公司内部治理问题；在随后的发展中，人们逐渐重视到与企业运行相关联的各个利益群体，相关利益者理论逐步成为主流。

二、公司治理的内涵

（一）关于公司治理内涵界定的典型观点

"公司治理"一词，乃是英文"Corporate Goveranace"的直译，有时也被译为"公司治理原则"、"公司治理结构"、"公司治理机制"等，是一个多角度多层次的概念。从 20 世纪 80 年代以来，国际上就掀起了一股研究公司治理的热潮，在大量的关于公司治理的研究文献和成果中，对公司治理的定义并没有一致的认识，以下是比较代表性的几种定义：

以迈克尔·詹森（Michael C. Jensen）等人（1976）为代表的代理理论认为，公司治理研究的是所有权与经营权分离情况下的"代理问题"，其焦点是降低代理成本，使所有者与经营者的利益相一致。奥利弗·哈特（Oliver Hart）在《公司治理理论与启示》一文提出了公司治理的理论分析框架。他认为，只要存在以下两个条件，公司治理问题就必然在一个组织中产生：第一个条件是代理问题，确切地说是组织成员之间存在利益冲突；第二个条件是交易费用之大使代理问题不能通过合约解决。① 在哈特看来，在合约不完全的情况下，治理结构确实有它的作用，治理被看作是一个决策机制，而这些决策在初始合约下没有明确的设定，更确切地说，治理结构分配公司非人力资本的剩余控制，即资产使用权如果没有在初始合约中详细设定的话，治理结构将决定其如何使用。

还有一些学者从对公司治理基本问题的解释角度对公司治理进行了阐述。

---

① Hart, O. Corporate Governance: Some Theory and Implication [J]. The Economic Journal. 1995, 105 (430): 678-689.

科克伦（Phlip L. Cochran）和沃特克（Steven L. Wartick）在 1988 年发表的《公司治理——文献回顾》一文中指出："公司治理问题包括高级管理阶层、股东、董事会和公司其他利害相关者的相互作用中产生的具体问题。构成公司治理问题的核心是：（1）谁从公司决策/高级管理阶层的行动中受益；（2）谁应该从公司决策/高级管理阶层的行动中受益？当在'是什么'和'应该是什么'之间存在不一致时，一个公司的治理问题就会出现。"为了进一步解释公司治理中包含的问题，他们引述了巴克霍尔兹（Buckhoiz, 1986）的论述，将公司治理分为四个要素，每个要素中的问题都是与高级管理阶层和其他主要的相关利益集团相互作用有关的"是什么"和"应该是什么"之间不一致引起的。具体来说，就是管理阶层有优先控制权，董事过分屈从于管理阶层，工人在企业管理上没有发言权，和政府注册过于宽容。每个要素关注的对象是这些相关利益人集团中的一个，如上，则分别是股东、董事会、工人和政府。对于这些问题，解决办法是加强股东的参与、重构董事会、扩大工人民主和严格政府管理。他们认为："理解公司治理中包含的问题，是回答公司治理是什么这一问题的一种方式。"

一些学者从组织结构角度理解公司治理的内涵，认为公司治理就是指公司治理结构。如英国经济学家鲍博·特里克（Bob Tricker, 1984）认为，公司治理就是存在于治理主体与成员、管理者、其他利益相关者、审计员和政策制定者之间的正式和非正式的联系、网络及结构。国内学者吴敬琏教授（1994）认为，"所谓公司治理结构，是指由所有者、董事会和高级执行人员即高级经理三者组成的一种组织结构。在这种结构中，上述三者之间形成一定的制衡关系。通过这一结构，所有者将自己的资产交由公司董事会托管；公司董事会是公司的决策机构，拥有对高级经理人员的聘用、奖惩和解雇权；高级经理人员受雇于董事会，组成在董事会领导下的执行机构，在董事会的授权范围内经营企业。"[①]

将公司治理解释为一种制度安排也是一种很有影响的观点。英国牛津大学管理学院院长柯林·梅耶（Myer, 1995）在他的《市场经济和过渡经济的企业治理机制》一文中，把公司治理定义为："公司赖以代表和服务于他的投资者的一种组织安排。它包括从公司董事会到执行经理人员激励计划的一切东西。……公司治理的需求随市场经济中现代股份有限公司所有权和控制权相分离而产生。"玛格丽特·M·布莱尔（Margaret M. Blair, 1994）认为，公司治理有狭义和广义之分，其中狭义的公司治理是指解决股东与经理之间代理问题的一整套控制和激

---

① 吴敬琏著：《现代公司与企业改革》，天津人民出版社 1994 年版。

励机制，主要是董事会的功能、结构以及股东权力等方面的制度安排。广义的公司治理是指企业控制权和剩余索取权在有关参与者之间分配的一整套法律、文化和制度安排，这些安排决定了公司的目标，谁在什么状态进行控制，如何控制，风险和收益如何在不同企业成员之间分配等问题。① 斯坦福大学的钱颖一教授（1995）提出，"公司治理结构是一套制度安排，用来支配若干在企业中有重大利害关系的团体，包括投资者、经理、工人之间的关系，并从这种关系中实现各自的经济利益。公司治理结构应包括：（1）如何配置和行使控制权；（2）如何监督和评价董事会、经理人员和职工；（3）如何设计和实施激励机制。"② 国内学者林毅夫等（1995）指出，所谓的公司治理结构，"是指所有者对一个企业的经营管理和绩效进行监督和控制的一整套安排。……人们通常所说的公司治理结构，实际上指的是公司的直接控制或内部治理结构。对公司而言，更重要的应该是通过竞争市场所实现的间接控制或外部治理。"③ 李维安、张俊喜（2003）等认为公司治理应从狭义和广义两方面去理解。④ 狭义的公司治理，是指所有者，主要是股东对经营者的一种监督与制衡机制。即通过一种制度安排，来合理地配置所有者与经营者之间的权利与责任关系。广义的公司治理则不局限于股东对经营者的制衡，而是涉及广泛的利害相关者，包括股东、债权人、供应商、雇员、政府和社区等与公司有利害关系的集团。公司治理是通过一套包括正式或非正式的、内部的或外部的制度或机制来协调公司与所有利害相关者之间的利益关系，以保证公司决策的科学化，从而最终维护公司各方面的利益。

国内学者费方域认为，公司治理概念应该是一个知识体系，可以用一系列互为补充的判断来加以说明：（1）公司治理的本质是一种关系合同（指合同各方不要求对行为的详细内容达成协议，而是对目标、总的原则、遇到情况时的决策机制、谁享有控制权以及解决可能出现的争议的机制等达成协议），它以简约的方式规范公司各利益相关者的关系，治理他们之间的交易，以此实现公司节约交易成本的比较优势；（2）公司治理的功能是配置权、责、利；（3）公司治理的起因在产权分离，因为有了产权分离，才有了股东与管理层的关系，也才有了权力的分配和冲突，进而才有了协调他们之间关系的公司治理；（4）公司治理的形式有多种多样，如：对应于外源融资的两种不同方式（保持距离型融资和控制导

①　Margaret M. Blair. Ownership and Control：Rethinking Corporate Governance for the Twenty-First Century [M]. Washington，D. C. The Brookings Institution，1995.

②　钱颖一：《企业的治理结构改革和融资结构改革》，载于《经济研究》1995 年第 1 期。

③　林毅夫、禁睹、李周：《充分信息与国有企业改革》，上海三联书店 1997 年版。

④　李维安、张俊喜：《公司治理前沿》，中国财政经济出版社 2003 年版。

向型融资），有目标性治理方式和干预性治理方式；按照投资者行使权力的情况有外部体系和内部体系。①

（二）对公司治理内涵的理解

从上述学者对公司治理的界定或描述中，我们可以发现公司治理是一个多角度多层次的概念，内涵非常丰富。上述学者对公司治理内涵的理解有以下特征：第一，学者们对公司内涵理解的不同很大程度上是源于不同的公司治理理论基础。例如，迈克尔·詹森（Michael C. Jensen）、奥利弗·哈特（Oliver Hart）、柯林·梅耶（Myer，1995）等人对公司治理的界定主要基于委托代理理论的基础。而鲍博·特里克（Bob Tricker）、玛格丽特·M·布莱尔（Margaret M. Blair）、李维安等人则是以利益者相关论作为理论基础。第二，公司治理有狭义和广义之分。从学者们对公司治理的界定或描述来看，对于公司治理的理解主要分为广义和狭义两个角度，而有的学者干脆直接分别从广义和狭义两个角度对公司治理分别定义。从狭义的角度来看，公司治理主要是公司内部责权利关系的配置，主要是股东、经营者之间利益的协调。从广义的角度来看，公司治理还包括外部金融市场、经理人市场等对经理人行为的影响。第三，公司治理的功能是配置权、责、利。学者们虽然对公司治理界定或描述的角度不同，但普遍认为公司治理的首要功能，就是配置公司不同利益主体之间的责、权、利关系，协调有关各方利益。狭义的公司治理主要是协调经营者和股东之间的责、权、利，广义的公司治理则是协调利益相关者的责、权、利。这有两层意思：一层是公司治理是在既定资产所有权前提下安排的。所有权形式不同，比如债权与股权、股权的集中与分散等，公司治理的形式也会不同。另一层是所有权中的各种权力就是通过公司治理整顿结构进行配置的。

基于以上分析，本书对公司治理内涵的理解如下：

1. 公司治理应包括内部治理和外部治理

公司治理有狭义和广义之分。随着社会的发展和科技的进步，企业在一定意义上越来越趋向于由利益相关者组成的联合体，良好的声誉、独特的组织文化、管理和研发人才、与客户供应商之间的战略伙伴关系在企业发展中的重要性程度越来越高。另外，随着公司治理研究的深入，在公司治理的理论界和实务界其实已经达成一种共识：即使是作为公司微观个体的公司治理也不仅仅涉

---

① 费方域：《企业的产权分析》，上海三联书店1998年版。

及公司内部董事会、经营者、股东之间的制度和结构安排，公司外部的资本市场机制、经理人市场机制以及有关的法律法规体系都很大程度上影响着公司个体的治理状况。基于此，本书公司治理内涵的界定采用广义的公司治理概念。

本书认为，公司治理是通过一整套正式或非正式的、内部的或外部的制度或机制来协调公司所有相关利益者之间的利益关系，在维护股东利益的同时，兼顾其他利益相关者的利益，从而使企业能够协调持续发展。

公司治理包括内部治理和外部治理。公司的内部治理主要是关于管理层与股东，或是公司内部人（管理层和控制性股东）与外部股东之间关系的协调。公司内部治理主要包括重要的机构设立、法律和合约安排、对股东权力的规定，保护股东以及事后补救的办法，董事会的组成、责任和作用的明确，以及信息披露和公司上市制度等。公司内部治理在性质上有两个特点：第一，内部治理的作用主要是通过董事会、监事会和股东自己来实现的；第二，内部治理通过设计科学的公司治理机构，将形成互相配合、协调制衡的机制，以保证企业经营者经营管理指挥协调顺利。要做到这一点，企业管理自我调控机制的到位，特别是企业内部管理规章制度的约束是至关重要的，它是将企业经营者与企业有效整合，使企业经营者与企业群体的行为、法律及规章保持一致的关键。

公司外部治理一般指证券市场、经理市场、产品市场以及银行、机构投资者等外部力量对企业管理行为的监督。外部治理是内部治理的补充，其作用在于使经营行为受到外界约束，迫使公司管理层自律和自我控制。例如证券市场，尤其是公司控制权市场可以对公司管理层施加压力。如果市场是有效的，那么股价会对有关公司的信息做出反应，管理层的不良行为就会导致股价下滑。这样，证券市场就给股东们提供了公司经营相对清楚的信息。业绩不佳的公司就有可能招致股东采取进一步的行动，如小股东"用脚投票"，卖掉公司股票；大股东在股东大会中做出反应，改组公司管理层；甚至公司可能被收购，管理层将面临被更换的危险。在这种机制下，该公司管理层就会被迫选择能够增加公司财富的决策。当然，这种作用取决于证券市场的发达程度。再如，有效的经理市场也会对公司管理层形成约束。在有效的经理市场中，不负责的或低能的经理得到的是低工资和低职位，而勤奋的和有能力的经理会得到较快的提升和较优越的报酬。有了这种利益激励机制，经理会更有动力去改善公司的绩效，提升自己的声誉。

内部治理和外部治理在公司治理中所扮演的角色，依各国国情不同而有所差别。内部治理取决于制度设计本身，而外部治理的表现形式、作用方式由企业所处的外部环境决定。这里所说的外部环境包括企业所处的市场环境和面临的宏观环境两个方面。市场环境方面包括资本市场、产品市场、经理人市场和劳动力市场。宏观环境则包括政治、经济、社会、技术等几个方面。

2. 公司治理包括治理结构和治理机制

本书认为公司治理的内涵相当宽泛，它包括公司治理结构和公司治理机制。

公司治理结构包括股东大会、董事会、监事会以及外部监管部门等治理机构的设置，它在本质上是指规范不同权利主体之间权、责、利关系的一种制度安排。传统的公司治理大多基于分权与制衡而停留在公司治理结构的层面上，较多地注重对公司股东大会、董事会、监事会和高层经营者之间的制衡关系的研究，可以说只是侧重于公司内部治理的结构方面。公司治理结构除了股东大会、董事会、监事会和高层经营者等内部治理结构外，还包括诸如证监会等政府监管部门这样的外部治理结构。它包括各构成主体的权力来源、运用与限制，对决策制定的内部程序的定义，以及不同利益相关者在决策制定过程中的参与程度。

公司治理不仅需要一套完备有效的公司治理结构，更需要若干具体的超越结构的治理机制。公司内部治理机制是指企业通过一定的制度约束和激励企业经营者的行为，包括各种监督机制和激励机制。它的核心意义在于公司治理机构的设置和权利的分布，通过设计监督机制和激励机制来降低代理成本。公司外部治理机制主要是指通过证券市场、经理市场、产品市场以及银行、机构投资者等外部力量实现对公司内部实际控制者的监督约束。如公司法、证券法、信息披露、会计准则、社会审计和社会舆论等。公司外部治理主要考虑的是外部市场和外部监管等因素，因为公司作为一个法人实体，股东、债权人与公司之间的关系主要体现在股票市场和借贷市场上；公司与经营者、雇员和顾客的关系则主要表现在经理人市场、劳动力市场和产品市场上。市场环境是否健全会直接影响公司治理效率，它的核心意义在于，外部治理机制的效率首先取决于外部市场的运行效率，其次取决于公司对外部市场的依赖程度。

公司治理结构和治理机制共同组成了公司治理的内涵，如图 1-1 所示。如果从静态上考察公司治理问题，公司治理表现为公司治理结构，即如何去定义公司各利益相关者之间关系的游戏规则；从动态上对公司治理问题进行考察，公司治理则表现为治理机制，即如何选择一套有助于直接或间接执行这些规则的措施。因此，治理结构和治理机制只是从不同的角度去考察公司治理的同一个问题的两个方面。

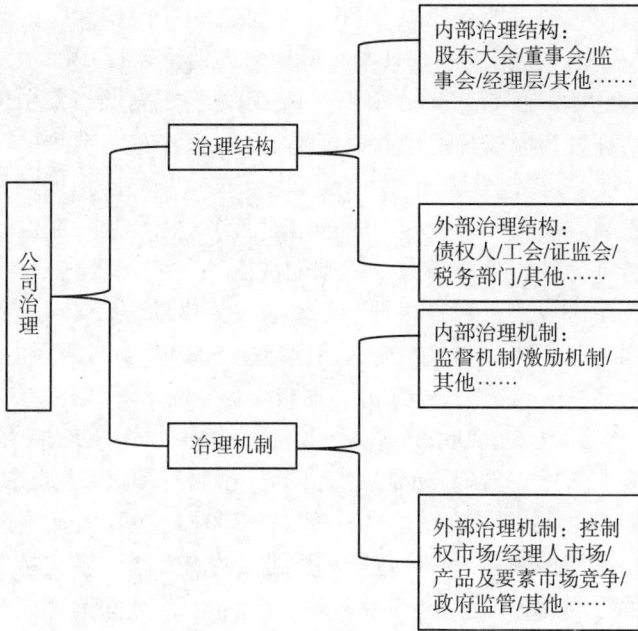

图 1 – 1 公司治理的内涵

三、

公司治理模式

（一）公司治理模式分类

由于历史、文化与具体制度环境的差异，各国的治理结构和治理机制也呈现出不同的特征，形成了各具特色的公司治理模式。公司治理模式是指公司内外部治理结构特征和治理机制的一种组合，这种组合决定了股东、经理人员、债权人、政府和其他利益相关者关系的游戏规则，以及直接或间接执行这些规则的机制。

在公司治理理论中，关于公司治理模式的分类，目前存在不同的划分方法。LLSV① （1994）利用 49 个国家和地区的数据区分出四种传统法律体系来帮助解释不同的公司治理模式，他们将全球公司治理模式分为盎格鲁—撒克逊模式（包

---

① 20 世纪 90 年代中后期，拉波塔（La Porta）、洛佩兹·西拉内斯（Lopez-de-silanes）、罗伯特·维什尼（Robert W. Vishny）和安德烈·施莱弗（Andrei Shleifer）四位学者，通过整理多国的政治、法律、宗教、文化和经济等方方面面的量化数据，第一次明确将法律因素引入到解释金融发展和经济增长的具体研究中。由于他们经常一起署名发表文章，学界简称 LLSV 组合。

括美国、英国及前英殖民地）、法国模式（包括法国、西班牙、葡萄牙殖民地影响范围）、德国模式（包括中欧和日本）和斯堪的纳维亚模式（主要包括北欧国家）四种类型。约翰·科菲（John C. Coffee，1999）根据股权集中度的集中或者分散，将公司治理分为股权分散型和股权集中型，其中最为典型的分类是莫兰德（Moerland，1995）的"二分法"，即以美英代表的市场导向型模式和以德日为代表的网络导向型模式。前者又被称为股东治理模式，由于这种制度要求严格信息披露制度，也被称为"以信息披露为基础的制度"；后者突出银行在公司治理中的核心地位，法律法规禁止"投机性"活动，主要借助银行或者全能银行的外部治理机制与不同利益主体共同参与内部治理结构，被称为更接近利益相关者治理模式。

克莱森斯（Claessens，2000）等人考察了 9 个东亚经济实体中的近 3 000 家公司样本，发现东亚模式出现了新的代理问题，即大股东对小股东的利益侵犯，并且总结了东亚企业的共同特征。韩（Khan，2001）将其概括为两个方面：一是大多数企业被家族控制；二是家族控制常常通过金字塔、横向持股以及一股一票规则等偏离的方式而得以加强。他将东亚家族企业的公司治理模式视为与市场导向型和银行主导型平行的一种新的制度类型。

其实，严格说来，东亚家族控制公司治理模式并不是一种典型的公司治理模式，而是一种没有完全建立现代企业制度背景下的内部控制治理模式，是一种发展并不成熟的内部控制治理模式，只不过在东亚家族控制治理模式下，参与内部治理结构的是家族控制者而已。但是考虑到其治理机制相比德日模式具有一定的特殊性，且我国也有相当多的民营企业采用的是家族控制性的治理模式，在本书中也将家族控制型公司治理模式作为一种单独的公司治理模式加以分析。

基于此，本书以莫兰德的"二分法"为基础，结合克莱林斯、韩等人的分析，把公司治理分为三种典型的比较有代表性的模式：（1）以英美为代表的外部市场治理模式；（2）以日本、德国为代表的内部控制型模式；（3）以东亚为代表的家族控制模式。

英美为代表的外部市场型治理模式，又称为外部市场主导型、控制型治理模式，其代表为美国、英国、加拿大以及澳大利亚等国家，其中以美国最为典型。英美模式下，公司治理主要依赖市场体系对各相关利益主体进行监控，该模式在很大程度上体现为一种新古典的股东主权模式，公司的目标是实现股东财富的最大化。实现这一目标的制度框架是由保证股东主权的内部治理机制和竞争性外部监控市场的结合来提供的。

德日为代表的内部控制型治理模式，又称银行主导型、网络导向型治理模式或距离型模式。德日模式强调对"看不见的手"进行修正和指引，政府在经济发展中常常和企业合作，企业大部分通过相互持股、大银行持股或者信贷途径获取资金。交叉持股也是德日模式的一个特点。

家族控制公司治理模式的代表国家在东亚和拉美地区，通常是家族成员一起创业产生的企业，公司控制权代代相传。家族企业公司治理的主要特征是股权相对集中，家族集团是控股大股东，严格控制了公司的经理层，中小股东的利益则很难得到保障。另外家族控制模式的公司中，交叉持股的现象比较严重，这给控制权市场发挥作用带来了很大困难，因此家族控制模式下的公司一般很难被并购。

本书后面章节将对这三种公司治理模式展开详细分析。

（二）影响公司治理模式的因素

有关公司治理模式影响因素的文献很多，而且研究学者大都进行了实证分析，通过计量模型测算影响因素对公司治理模式的影响度，例如不同的股权结构、融资结构与公司治理绩效是否存在正相关；董事会的组成中独立董事占多大比例最为有效；对公司经理进行多大的激励才能保证管理者尽心为股东服务等。孙永祥在《公司治理结构：理论与实证研究分析》[1] 一书中进行了详细的介绍。这些研究多为实证研究。其实，在影响公司治理模式的因素中有许多是不可计量的，体现在模型中就是模型的假定条件部分，例如法律制度与公司治理模式的绩效、政治集团与公司治理模式的选择，历史文化对公司治理模式选择的影响等。任何一个国家或一个国家不同时期的公司治理模式都是在特定的政治、经济体制、法律制度及历史和文化传统条件下产生的，都受到这些因素的影响。下面做具体的分析。

1. 经济因素

新古典经济学家认为，效率是最终决定公司治理模式的关键性因素，分散和集中的所有权结构不仅不同，而且会存在竞争。"全球资本市场和产品市场的竞争加剧使公司治理成为决定竞争成败的另一个竞技场"[2]（Coffee，1999）。科菲（Coffee）等认为随着经济全球化程度的不断加深，特别是证券市场的不断发展，各国经济的联系逐渐增强，不同经济体之间的竞争不断加剧，各国的公司治理模

---

[1] 孙永祥著：《公司治理结构，理论与实证研究分析》，上海人民出版社 2002 年版。

[2] John C. Coffee. 1999. The Future as History: The Prospects for Global Convergence in Governance and ItsImplication [J]. Columbia Law Review. 1999, 93 (3): 1757 – 1831.

式将越来越相似。[①] 梁爱云（2001）认为资本市场作为一种外部因素对治理模式的演进有重要影响。[②] 综合来说，国际经济发展背景、一个国家的外部市场（包括产品市场、资本市场、劳动力市场，尤其是职业经理人市场等）的发育程度和市场状况对公司治理的选择有很大的影响。例如，美英外部市场型公司治理模式就是建立在英美两国发达的证券市场基础上，高度发达的证券市场，导致股票具有较强的流动性，使股权得以分散，同时有效地资本市场的价值发现作用，可以使投资者根据股票市场股价的变化来对经理人进行评价和监督。

2. 法律因素

公司治理在一定程度上是现行法律体系和与之相伴的法律基础设施（立法、司法和执法环境等）的产物。公司治理体系在全球各国和每个国家的不同时期都有显著不同。20 世纪 90 年代中后期，LLSV 首先引入法律因素来解释一国的法律起源、法制体对公司治理、公司价值的影响。LLSV 的研究集中于在国家层面上保护投资者的措施。其逻辑思路可以概括为：投资者保护程度源于不同的法源或法系，投资者保护程度直接影响到一个国家金融体系的模式选择，融资模式和所有权结构又决定公司治理的水平，公司治理水平影响公司价值，影响公司绩效和经济发展。他们认为，投资者权利保护与融资组织的规模相比是更为根本的决定金融发展的因素。

例如，日本于 1950 年建立了自己的股东派生诉讼制度，但是，该制度建立以后，由于对原告起诉公司管理层或者大股东的要求过于严格，股东利用诉讼制度保护自己和公司的合法权益的积极性不高，股东派生诉讼制度并没有发挥应有的监督作用。为保障股东个人的利益，特别是分散的中小股东的利益，日本于 1993 年修改了股东代表诉讼制度，规定股东代表诉讼的费用一律为 800 日元，与请求赔偿额无关。其结果是请求赔偿额增大，起诉案件及诉讼大公司董事案例增多，出现了大规模的股东运动。

3. 政治因素

政治力量和路径依赖也是形成和制约公司治理模式选择与构建的重要因素。马克·罗伊（Mark J. Roe）等人认为，政治力量的惯性将足以维持公司治理模式的现状，即使它是一种效率并不高的治理模式。[③] 青木昌彦（2001）指出，在政

---

① 徐向艺著：《公司治理制度安排与组织设计》，经济科学出版社 2006 年版。

② 梁爱云：《西方发达国家公司治理形态的比较与演进趋势》，载于《学术研究》2001 年第 5 期。

③ Mark J. Roe. Commentary：Chaos and Evolution in Law and Economics ［J］. Harvard Law Review. 1996, 109（6）：641－668.

治域的国家形态与市场交换域或组织域的制度形式之间可能存在相互依赖关系。公司治理结构的制度化会受到政治域的内在状态的影响。[①] 总的来说，一个国家的政治制度会影响公司治理机制作用的发挥。例如，美国的平民主义政治压制了大型公司内部金融机构的发言权，这影响了大型公司的制度结构：即便是美国最富有的家族也无法长期获取和掌控美国大型公司的控制性股份，而且拥护小股东的制度也支持了公众公司的分散化股权。欧洲的社会主义民主政治在促使管理者保持员工雇用的稳定时，甚至要放弃一些可以实现利益最大化项目的机会；要求管理者合理地利用资本，而非在市场萎靡时一味地缩小规模。这种政治压力导致管理者偏离了股东利润最大化的目标。另外，在美国促使股权分散的机制——股权激励薪酬、透明的财务披露制度、敌意接管、股东财富最大化准则——都被欧洲大陆国家的社会主义民主政治弱化了，导致这些国家的公司具有较高的代理成本，而控股股东（股权集中）是控制这一成本的最佳方法。

4. 历史和文化传统因素

公司治理机制的选择与特定的历史文化传统也有密切关联，各国不同的公司治理模式均是特殊历史文化背景下自然推进的产物，不同的模式选择反映了不同的历史文化背景。历史文化传统作为非正式制度，不仅约束了可选择的正式制度的交易成本，而且还是促进和推动可选择的正式制度的来源。斯达尔兹和威廉姆森（Stulz and Williamson，2001）认为，文化影响公司治理以及资本市场发展的机制主要有三：一是通过价值观的形成和发展的影响。一个国家中占主导地位的价值观依赖于它的文化。例如，对利益的追求在一个宗教中可能是一种罪恶，在另一个宗教中则可能是善举。二是通过对制度的形成和发展的影响。比如，法律体系便要受到文化的影响。三是通过经济中资源配置方向的影响。对于不同的文化，经济中资源配置的导向不同。因此，从长远来看，正式法律规则的内容应该部分地反映社会中主流的文化方向，或者与主流文化方向相融。

以美国为代表的外部控制模式，受个人主义、分离主义、民主以及冒险精神的影响，私人和家庭持股相当普遍。他们通过"用脚投票"实现对经营者的监督和对自身权益的保护，自由化塑造下的美国社会投机倾向、短期功利色彩很浓厚。此外，个人英雄主义的偏好又影响着决策的个人化。以日本为代表的内部控制模式则股权高度集中。日本文化突出集体主义，强调利益相关主体的合作、诚信和互助，注重团体的长期效益，由此，公司的股权流动性相对较低。集体主义本位观下，个人特殊利益服从于集体意志。日本公司法人治理结构的决策方

---

① 青木昌彦著，周黎安译：《比较制度分析》，上海远东出版社2001年版。

式采用共同决策，集体协商一致，于是职工广泛地参与到公司决策中来。以东亚的马来西亚和新加坡为代表的家庭模式，控制股东主要是家庭，作为中华文化圈的一部分，长期受儒家思想影响，他们遵从等级分明的家庭伦理秩序，其伦理观以家长为核心。上述传统在公司法人治理结构中，表现为家长决策和公司管理的人情化。

四、

经济转轨国家的公司治理问题

（一） 经济转轨的含义

目前世界上被称为经济转轨的国家约 30 个，涉及 16 亿人，占世界总人口的 1/4。按人口计算，最大的 5 个转轨国家是：中国（13 亿）、俄罗斯（1.5 亿），越南（7 000 万），乌克兰（5 000 万），波兰（4 000 万）。从 GDP 看，最大的 3 个转轨国家第一是中国，第二是俄罗斯，第三是波兰。

由于各个国家具有不同的历史、文化和资源条件，"各国在转轨的出发点、战略及成果方面存在巨大的差异"[①]。因而，要对经济转轨下一个普遍通用的定义很困难。但根据各国转轨实践，广义的经济转轨至少包含以下几层含义：

1. 经济发展方面的变化

仅仅把转轨定为体制转变是不够的。"无论是体制转变的条件和背景，还是体制转型的动因和取向，都与世界经济自身的转变密不可分，因此对转型的研究应包含经济转型。"[②] 对于尚未完成工业化的中国来说，经济转轨首先就意味着从传统的农业向现代工业的转型。对于已经完成工业化的国家来说，也涉及一个从工业社会向信息社会转变的问题。在经济全球化的今天，任何一个国家都不可避免地参与进来。对于任何一个正在进行转轨的国家来说，都必须与之接轨。这一点对中国尤其重要。中国的工业化基础比较薄弱，工业化的水平相对来说是比较低的。特别是长期以来实行的以身份制度为核心的城乡制度，导致中国的经济二元化现象比较严重，工业化是经济转轨的首要任务。

---

① 世界银行著：《1996 年世界发展报告——从计划到市场》，中国财政经济出版社 1996 年版。
② 周立群：《转型期经济学研究》，载于《天津社会科学》2001 年第 3 期。

2. 资源配置方面的变化，即从计划向市场的转型

迄今为止，人类社会的工业文明是与市场文明紧密地结合在一起的，它们是一个事物的两个方面：前者是从技术的角度说的，后者是从社会形式的角度说的。它们的实质都是理性化、非人格化的效率原则。高度集中的计划经济由于压抑了社会的创造性和活力，因而在许多方面都不利于社会的现代化。以市场为取向的改革正是在现代化的历史使命的强烈推动下展开的，是让市场作为资源配置的主要工具及机制，以此为重心，整个经济体制包括价格、工资、利率、汇率、外贸、金融、劳动工资、社会保障、收入分配、投资等各个方面都要实现从以行政协调为主向以市场协调为主的根本转变，这就是向市场经济过渡的全部含义。

3. 社会制度的变化

有一种观点认为，改革对于社会主义基本制度不能动摇。事实上，经济转轨对于任何一个国家来说，一点不发生变化是不可能的，只能是变化的程度不同。一种是在不触动社会主义根本制度前提下的变化，另一种是改变根本制度的变化。20世纪80年代末，苏联东欧剧变是一种选择，由社会主义性质的国家演变成资本主义性质的国家。中国的经济过渡又是一种选择，它是以社会主义根本制度为基础，在社会主义与市场经济之间形成了一种相互渗透的复杂关系。一方面，中国向市场经济的过渡是在社会主义制度的基础上进行的，这从根本上决定了中国市场化的模式和道路，规定了中国市场化的可能边界和基本的约束条件。另一方面，现实的社会主义是建立在市场经济基础上的，市场关系的形成反过来会推动宪法制度和所有制形式的变化。如何在市场过程中实现社会主义经济关系从旧体制向新体制的转轨，把社会主义与市场经济结合起来，是中国经济改革的基本目标和中心课题。

综上所述，经济转轨包括以上三个方面的内容。不过，从转型的核心内容和本质看，一般把计划经济向市场经济转型作为基础和核心的内容对待。

青木昌彦和钱颖一在《转轨经济中的公司治理结构》一书中把经济转轨界定为计划经济制度和后转轨制度二者之间的过程，并从企业的所有制和管理的角度描述了计划经济制度和转轨经济过程的特征。他们认为计划经济制度的特征有：①所有的企业都由国家拥有，这种企业的延续也由国家决定；②企业的管理层（厂长经理）由国家机关任命，国家机关则由党控制。转轨过程的特征有：①所有的企业都改组成了公司（公司化或"商业化"），但其所有权结构处于界定过程之中；②国家不再拥有任命或罢免企业管理层的权力，但行使这种权力的确定的主体尚未出现。但他们同时指出，这种特征的划分纯粹是概念性的，不能机械地应用于某一经济实体中。比如，中国企业现在正处于公司化并进行股权结构改革的时期，国有企业管理层的选择仍然是党的组织部门的事情，不能按照上述界定认为中国还停留在在计划经济时期，可以确定中国现在已进入转轨过程，随着中国改革的深入，企业管理层的任命预期会非政治化。

（二）经济转轨国家的公司治理问题

对于经济转轨国家来说，公司治理问题更为重要，也更为复杂，由于市场机制的不健全，许多外部监控的基本机制（如金融市场、银行的独立性、新闻自由、尊重少数股东的权利）仍然缺位或者说大部分失灵，而公司内部治理又普遍存在严重的"内部人"控制问题，同时，政府还存在着对企业经营一定的干预。

1. 公司治理外部机制缺位

对于经济转轨国家，由于金融市场、经理人市场、产品要素市场的市场机制并没有完全确立，导致这些国家的外部治理机制普遍存在缺位或者失灵的现象。在转轨经济中，大部分转轨经济国家尚没有建立起现代完整意义上的金融体系，金融交易仍带有强烈的计划经济色彩，而银行多数是前国有银行的后继者或从中分离出来的，或者是公司化的国有企业新设立的代理银行，银行本身缺乏现代化的运作基础。所以，多数转轨国家都面临金融体系重建的问题，包括宏观层面上金融监管体系的建立和微观层面上现代化银行制度的确立。

另外，因为市场机制并没有完全确立，大多数经济转轨国家的经理人市场并没有完全发展起来，一些企业高层管理人员的任免还带有很强的行政色彩。比如在我国，国有控股公司高层管理人员的任免一定程度上还是由国家相关部门来决定的。同样，在一些产品要素市场还存在垄断经营，无法依靠市场机制来进行资源的分配。经理层的懈怠、无能以及"道德风险"等问题无法通过外部股东来校正，因为没有一个有效率的、具有评定公司价值和转移公司控制权功能的资本市场。

2. "内部人"控制问题

该问题由青木昌彦和钱颖一等学者提出，专门针对转轨经济过程中的国家。原指国有企业在私有化过程中大量股票被企业经营者持有，因而存在企业内部人收益，后指原国有企业经理层在公司化过程中取得了相当大一部分控制权的现象。转轨过程中的国家往往套用发达国家的公司治理模式，因此内部人控制是转型国家的内生性治理问题，因为不能对道德风险进行较好的控制。相比之下发达国家的外部竞争性市场比较成熟，可以借此校正道德风险，而转型国家的外部市场机制比较欠缺，经理行为不易受到约束，内部人控制问题由此形成。转轨经济国家中，"内部人控制"最为典型的国家是俄罗斯。在俄罗斯的大中型企业股份制改革过程中，多数或相当大量的股权为内部人持有，在证券私有化结束时，俄罗斯"私有化"企业的绝大部分股权被控制在"内部人"手里，经理人员事实上是依法掌握了企业的控制权。我国也存在着大量经理人在职消费、大量举债、获取高薪、过度投资、扩大内部人福利、信息披露不规范不及时、抵制企业战略性重组、国有资产的转移或流失、侵害小股东利益等现象。转型国家公司治理改革进程中"内部人控制"的企业，具有共同的制度缺陷，即：内部人的形成建立在一定的利益集团的基础上，内部人员把持或控制了公司多数股份，他所代表的就是自己的或者本集团的利益，而不是普通股股东的利益。

3. 预算软约束问题

预算软约束问题首先由科尔奈（Kornai）① 在 1979 年提出，指长期亏损下的国有企业很难被市场淘汰，因为总是受到财政补贴或者其他形式的救助，一方面严重削弱了公司治理机制，另一方面对整体经济运行有着严重的负面影响。最初的预算软约束问题主要用来解释社会主义经济下改革中的国有企业行为及绩效，后来大量学者的研究表明，该问题不仅存在于社会主义经济中，还存在于私有经济中。

本 章 小 结

公司治理是通过一整套正式或非正式的、内部的或外部的制度或机制来协调公司所有利益相关者之间的利益关系，在维护股东的利益的同时，兼顾其他利益相关者的利益，从而使企业能够协调持续发展。公司治理包括内部治理和外部治理。公司的内部治理主要是关于管理层与股东，或是公司内部人（管理层和控制性股东）与外部股东之间关系的协调。公司外部治理一般指证券市场、经理市场、产品市场以及银行、机构投资者等外部力量对企业管理行为的监督。另外，公司治理还可以理解为公司治理结构和公司治理机制。如果从静态上考察公司治理问题，公司治理表现为公司治理结构，即如何去定义公司各利益相关者之间关系的游戏规则；从动态上对公司治理问题进行考察，公司治理则表现为治理机

---

① Korna, János, Eric Maskin, and Gérard Roland. Understanding the Soft Budget Constraint [J]. Journal of Economic Literature, 2003, 41: 1095 –1136.

制，即如何选择一套有助于直接或间接执行这些规则的措施。

由于经济基础、政治基础、法律基础和历史文化传统不同，不同的国家、地区在一定的时期，其内外部公司治理机制的实现形式以及在公司治理中发挥的作用各不相同，公司治理表现出不同的特征，形成了不同的公司治理模式。世界上典型的公司治理模式有：以英美为代表的外部市场治理模式；以日本、德国为代表的内部控制型模式；以东亚为代表的家族控制模式。

对于经济转轨国家来说，由于市场机制的不健全，许多外部监控基本机制（如金融市场、银行的独立性、新闻自由、尊重少数股东的权利）仍然缺位或者说大部分失灵，而公司内部治理又普遍存在严重的"内部人"控制问题，同时，政府还存在着对企业经营一定的干预。因此经济转轨国家的公司治理问题更为重要，也更为复杂。

第二章

世界典型公司治理模式的
考察与分析

一、
英美外部市场型公司治理模式

(一) 英美外部市场型公司治理模式的产生背景

1. 现代公司制度的建立

英美以股份公司出现为标志的现代公司制度的建立，是其公司治理问题产生的基础条件。随着股份公司的出现，企业的所有权与经营权相互分离，这导致了委托—代理问题关系的产生，从而引发了整个公司治理机制的出现和发展。

(1) 英国现代公司制度的建立。

英国是最早产生公司的国家之一，英国股份公司的形成历史可以上溯到15~16世纪的欧洲。哥伦布地理大发现成功之后，欧洲大陆的海上贸易迅猛发展。随着贸易规模的扩大，新的、有效率的商业组织形式应运而生。1553~1680年，先后有49个远洋贸易公司成立，这些公司是由政府授予一定的对外贸易垄断权的特许公司。它们从国王那里获得特许，专营海外某一地区的商业，因为公司的权力属于皇室，管理者也由皇室指定。此时的公司已有股份制雏形，但它只是一种松散的组织形式，最有代表性的就是东印度公司。因为贸易特许在时间上是有限制的，到期后尚需申请延期，它最初只是一种临时性的松散组织，可能是以一次航行为限，也可能以几次航行为限。该公司按照合股原则筹资，按股金比例分配利润，并将股本退还投资者本人。1600年以后，股份公司的资本具有了永久性，股票被允许拿到市场上去出售。股份永久化的目的是为了保证公司的相对独立性和创造长久发展的可能性。英国东印度公司开始将利润和资本区分，利润作为投资回报给股东处理，而资本则沉淀在公司，积累起来进一步发展。受东印度公司这样的贸易公司在筹措资金、利润分配方面所起的示范效应的影响，英国公司的数量迅速增加。从 1688 年到 1695 年前后短短不到 10 年的时间，英国先后成立了 100 多家新公司。1711 年，著名的南海公司成立，所有政府公债持有人都可以凭借政府债券来认购该公司的股票。其后由于股票价格剧升，又促使更多的公司涌现出来。仅 1719 年 9 月～1720 年 8 月，就新成立公司 195 家。由此可以看到，英国公司通过股票筹措资金、进行利润分配的历史由来已久。在这种基础上发展起来的股权机构，以及随后证券市场的日趋成熟是直接影响其治理模式的重要因素。

18 世纪早期，英国的商贸活动开始使独资企业和小型的合资企业盛行起来。企业主和商人是典型的所有者，并为企业提供资金。面对新的机遇，企业主极力扩大企业的资金来源，从商人、地主那里筹措资金，由此，出现了一批非法人公司，即联合公司。在这种形式下，一些成员经营公司，而其他成员则成为公司的股东或隐名股东。当公司处于财务困境时，所有股东都有承担公司债务的责任。可见，这一时期已经开始由原始公司向现代公司制度过渡。

（2）美国现代公司制度的建立。

美国历史只有 200 多年，但公司发展史却长达 150 年。在英国殖民者到达美洲之前，美国的市场制度几乎是一片空白。英国殖民者到达美洲后，带着鲜明的重商主义倾向开辟殖民地，借助于极为有利的自然条件和经济社会条件，美国的经济发展十分迅速。尤其是在独立战争以后，美国国内市场迅速扩展，其发展进程几乎与英国同步，而且美国公司的规模、数量大大超过了其他国家。19 世纪 40 年代以前，美国基本上还处于古典企业时期，即私人业主制企业和合伙制企业占据经济发展的主流，公司制企业规模不大，数量也不多。19 世纪 40 年代后，随着美国通信业和交通业的迅猛发展，美国逐渐形成了内部开放而又通畅的统一市场体系，此时，美国的现代公司也随之产生和发展起来。19 世纪下半期，科学技术的新发现和新发明在工业上的广泛应用使美国公司规模和数量迅速增加。1873 年美国经济危机爆发导致的垄断和并购，使得一些企业通过合并生产和集中管理，实力大大提升。大量的铁路、通信领域的股票和债券的发行使它们拥有众多的股东，每一个股东亲自去管理企业显然是不现实的，与此同时，这些行业的管理工作变得越来越繁杂，因此只有通过特殊训练而最终具备一定专业技能的职业经理人才能胜任相关工作。股东只有在筹集资本、分配资金、制定公司长远规划、选举高层经理时才会具体参与到公司管理中，这样一来，公司所有者与经营者的职能明确地分开了。至此，所有权与经营权成功分离，董事会与经理层的职能明确划分，标志着美国的现代公司制度基本形成。从业主制、合伙制到股份制转变的过程中，公司的控制和经营管理也从家族统治过渡到两权分离，企业家和经理阶层应运而生，这是资本主义生产关系的重大调整。在这个转变过程中，与其他国家相比，美国用了更短的时间，但却达到了更高的水平，这是美国在19世纪末迅速赶超世界上其他国家的重要原因之一。①

2. 近代金融制度的建立

17世纪末18世纪初，欧洲银行制度、结算制度、证券交易市场的建立，在很大程度上解决了资金融通的问题，促进了经济发展。由于贸易运输中货币的磨损与贸易逆差，欧洲大陆因缺乏货币从而产生对信用工具的需求。早期的"商业银行家"将自己的资金或者放债人的资金用于发展商业或转贷给别人，1630年后这种商业银行在英国大量出现。1725年，伦敦城有这样的私人银行24家，1785年上升到52家。银行业的发展促进了信用工具的发展。1713年后，在贸易日益扩张的坚实基础上，英国的票据交换也获得了发展，英格兰银行逐渐成为国际结算的中心，并在发行货币方面取得了显著的成绩。

世界上最早买卖股票的市场出现在荷兰，时间是1602年。因为荷兰海上贸易发达，刺激大量的资本投入，因而产生了股票发行与交易的需求。第一个股份有限公司是荷兰的东印度公司。因为当时还没有完备的股票流通市场，更没有独立的股票交易所，所以只能靠本地的商人们零星地进行股票买卖中介，股票交易也只能在阿姆斯特丹的综合交易所里与调味品、谷物等商品混合在一起交易。17世纪后半叶，经济中心转移到了英国，在荷兰创立的股份公司在伦敦得到了飞跃发展。在伦敦最古老的交易所——皇家交易所之中，与商品交易混在一起进行买卖交易的有俄罗斯公司（1553年创建）、东印度公司（1600年创建）等公司的股票。由于买卖交易活跃，所以在皇家交易所进行股票买卖的交易商独立出来，在市内的咖啡馆里进行买卖。1773年在伦敦柴思胡同的约那森咖啡馆中，股票经济商正式组织了第一个证券交易所，即当今伦敦交易所的前身，这就是现代证券市场的原型。1802年伦敦交易所新大厦落成开业，当时在交易所内交易的证券主要是英格兰银行、南海公司和东印度公司的股票。

美国证券市场不但发育早，而且比较成熟，美国公司高度重视股东的监控，19世纪末的公共证券市场对其治理模式的形成产生了重大影响。当新的工业公司为扩大生产规模而筹措资金时，从事政府债券和公共事业公司股票交易的证券市场成为了他们的首要选择。1792年，纽约证券交易所成立，它在美国公司的筹资过程中，起到了举足轻重的中介作用。在20世纪的经济危机过后，美国加

---

① 陈宝森：《浅议美国股份制的有益经验》，载于《世界经济与政治》1997年第12期。

强了对证券交易所的管理，于1934年成立了联邦证券交易会，严格区分商业银行与投资银行的区别，要求上市公司彻底公布财务状况，接受公司外部的监督。至此，包括股票、债券等产品在内的发达的资本市场成为了英美公司融资的主要场所，英美公司市场主导型治理机制也由此形成。

3. 相关法律法规的建立与完善

在公司发展的初期，作为一项新制度，它本身并不完善，市场的运行机制也尚未形成，屡屡出现如圈地运动、商业投机和欺诈、南海泡沫等恶性事件。当财富的原始积累完成后，获利的集团和一无所有的劳动者都对竞争的有序化提出了更为严格的要求。竞争有序化是英国公司外部治理向成熟阶段推进的关键问题，主要通过一系列法律关系的调整体现出来。从某种程度上讲，公司治理的变革是通过公司法及相关法律的调整来实现的。在公司发展的过程中，英国政府颁布了一系列的法律法规，奠定了现代公司制度的法律基础，确立了公司制的基本框架。包括旨在控制投机活动的《禁止泡沫公司条例》，规定公司所有成员必须公开注册的《公司交易法》，规定公司法人性质和公司注册程序的一般公司法，要求所有非法人公司都要进行注册和规范的股份公司法，明确规定股东只负有限赔偿责任的《有限责任法案》，1862年，英国对以前的法律作了彻底修正，通过了《公司法》，这项法律已属于现代公司法的范围，上述的基本原则至此后再也没有改变过。1948年，英国对该法进行了修改，规定了公司权力分配以及权力制衡的基本框架。

公司法在美国的发展和英国大体相同，在19世纪后半期，各个州通过了简化公司组建过程的法案。法案规定，公司治理通过股东大会实现，股东大会有提名并选举董事以及要求董事承担说明责任的权利。①

（二）英美外部市场型公司治理模式的形成历程

1. 英国公司治理的形成历程

公司治理中责任、监督、利益保护等概念的古老渊源可以追溯到12~13世纪的英格兰。那时英国尚处于原始公司阶段，出现了被称为"行会"的组织，这是对当地市场进行管理和控制的协会组织，它通过阻止无照营业者并确保市场每一成员都拥有公平份额的手段来保护个体成员的利益。行会除了保护自己的成员

---

① 闫长乐等著：《公司治理》，人民邮电出版社2008年版。

外，还通过规定标准保护公众的利益。虽然这些行为并不是我们如今所谈的公司治理，但通过一定的机构、规章来达到权力的平衡以维护参与者利益的做法确实在一定程度上与公司治理的基本原理有相通之处。14世纪也有类似的组织出现，"商业冒险者公司"是将有共同利益的成员联合到一起的组织，有些类似于行会，它不是在自己的权力范围内进行贸易，而是一个制约机构，垄断、限制其成员的活动。

到16～17世纪英国的商业贸易出现了极大的繁荣，这一时期英国的公司已经开始由原始公司向现代公司制度过渡。投资的吸引力使一些投资者甘愿冒着没有利润回报和承担经济责任的风险进行投资，但也造成投资者与经营者之间的权力失衡，损害投资者利益的诈骗行为不断出现。1720年，为了取缔投机行为和诈骗活动以保护投资者的利益，英国议会提出了"泡沫法案"，它通过防止拥有大量易转移的非法人公司股的方式来保护投资者。需要说明的是，"泡沫法案"是英国的首次公司立法，自此英国开始了运用法律手段规制公司中某种权限的做法。

19世纪，英国通过一系列法规的颁布和修订逐渐建立起了现代公司法框架。1834年公司交易法颁布，规定公司所有成员必须公开注册。1837年又颁布了一般公司法，规定了公司的法人性质和公司的注册程序。1844年通过了股份公司法，该法律要求所有非法人公司都要进行注册和规范，其目的是保护投资者不受公司创建者欺诈行为的伤害。股份公司法明确了董事长、股东会和审计员职责，但没有明确限定股东责任。该法案提出董事长要负责指挥并经营公司事务，指派秘书、职员和下属，定期召开股东会，并指派一名主席来主持会议。董事长要向股东提交决算表，审计员由公司任命，该任命必须向股份公司的登记部门进行注册，这些审计员要向公司股东汇报决算表。该法案为延续至今的公司注册、组建和规范奠定了基础。1855年8月议会通过了一项对股份公司的股东责任进行限定的"有限责任法案"。1862年英国对以前的法律作了彻底修正，通过了《公司法》，从那以后，这些建立公司的基本原则就没有改变。这项法律已属于现代公司法的范畴。1867～1877年英国公司法又经过了若干调整。

英国有关公司运行规则的法律法规的修订和建立促进了英国股份公司的快速发展，这也是公司治理发展的基础。因为股份公司带来的是经营权与所有权的分离，由此而产生的多种权力和利益关系是公司治理结构和治理机制设计的主要出发点。19世纪末的工业高潮和20世纪初的经济危机之后，垄断组织开始在主要工业部门普及，股份公司成为加速资本集中、促进垄断形成和发展的有力杠杆。与此同时，还出现了公司合并运动，一些私营公司被合并为大的公众公司。股份公司大量向制造业扩展，成为国民经济中占统治地位的企业组织形式。不过，在英国这类合并形成的公众公司并未导致"外部"股东获得资产控制权。总的说来，投票权掌握在企业的创办者手中。筹集外来资本主要是为公司的成长提供资金，产权的所有者才有投票权。

与公司治理相关的法律从19世纪末开始有了实质性进展。一些早期的关于董事权力、职责的法案在1925年的有关法律条例中得到反映。20世纪以来，英国对公司法进行了多次修正，现行的英国公司法是以1948年的公司法为基础的。公司法规定了公司权力分配以及公司权力制衡的基本框架。公司概念的兴盛以及公司法的不断调整所带来的成果就是公司的大量增加，公司治理问题也随之日益突出。

20世纪80年代以来，随着经营者权力的过大和职权滥用问题的尖锐化，公司治理问题表现得越来越突出。在英国，有关学者较早地针对经营者的控制、董事会的职能、说明责任、审计报告等问题开始了专门研究。1991年5月由英国伦敦证券交易所的财务报告厅组织成立了公司治理财务问题委员会。1992年12月该委员会正式发表了著名的《凯德伯瑞报告》，该报告针对公司财务报告的程序、标准、说明责任、审计、董事会职责等问题进行了说明和探讨。这使英国成为最早对公司治理问题进行专门研究的国家之一。随后英国分别在1998年、1999年相继发表了《汉姆伯尔报告》、《特恩布尔报告》，2003年发布了《史密斯报告》和《希格斯报告》，这些报告提供了公司治理有关问题的规则指引。

2. 美国公司治理的形成历程

19世纪70年代后，随着新技术和新发明的发展，新兴的工业部门如电力、石油、汽车、化工迅速发展起来，另外矿业、钢铁、运输等重工业部门也随着经济的发展迅速崛起。这些企业要求有较大的规模，同时需要吸引大量的资金投入，为了扩大企业的规模和实力，很多企业纷纷采取了股份公司的形式。随着美国股份公司的发展，美国的企业形式逐渐从业主制、合伙制过渡到股份制，同时从家族统治过渡到了两权分离，形成企业家和经理阶层。艾尔弗雷德·D·钱德勒（Alfred D. Chandler）认为，到20世纪50年代时，"在美国经济的一些主要部门中，经理式的公司已经成为现代工商企业的标准形式。在那些现代多单位企业已经取得支配地位的部门中，经理式的资本主义已经压倒了家族式的资本主义和金融资本主义"[1]。

1932年，伯利（Berle）和米恩斯（Means）在《现代公司和私有财产》一

---

① 艾尔弗雷德·D·钱德勒著：《看得见的手——美国企业的管理革命》，商务印书馆1987年版。

书中开创性提出了"所有权与经营权分离"的概念。他们在书中提出了这样两个命题：第一，美国的公司规模扩大，集中度提高。1930 年美国 200 家最大公司中的 42 家铁路公司、52 家公用事业公司以及 106 家工业公司，控制了 49.5% 的公司财产，39% 的工商财产，22% 的国民财富。[1] 第二，公司股权分散，使股东不能对经理实施重要的控制。根据他们提供的资料，1929 年美国最大的铁路公司宾夕法利亚铁路公司、最大的公用事业公司美国电话电报公司、最大的工业公司美国钢铁公司的最大股东的股票持有量分别为 0.34%、0.70% 和 0.90%。这三家公司 20 个最大股东持有的股票总量，也仅占公司股份总数的 2.7%、4.0% 和 5.1%。[2] 他们把超过 20% 投票权的股份定义为重要的股份，把没有重要股份的公司称为经理控制的公司，把控制定义为选举董事会或多数董事的实际权力。按照这些标准，在美国 200 家最大的公司中，公司数量的 65%、公司总财富的 80% 被经营者控制。[3] 并因此得出这样一个结论：现代公司的发展，使所有者权和控制权出现了分离。由此，可以确定，至 20 世纪二三十年代，经营者控制权地位在美国基本确立。

随着经营者控制权地位在美国的确立。所有者对经营者的权力失控问题日趋明显，从而使当时的企业出现"强经营者，弱股东"的组合。公司经理职权扩大的典型就是 CEO 的出现。20 世纪 60 年代，随着跨国公司全球业务的拓展，公司内外部的信息交流日渐繁忙。这样，公司决策层和执行层之间就可能存在信息传递时间滞后性和沟通障碍，从而影响了原经理层对公司重大决策的快速反应和执行能力。在此背景下，美国一些公司开始对传统的公司治理结构进行变革，其中扩大公司经理职权，并赋予经理 CEO 的新称谓（CEO 即首席执行官的英文 Chief Executive Officer 的缩写）就是对传统公司治理结构进行变革的成果。CEO 具有原经理的所有权利与义务，并且还享有比原经理更多的原属于董事会的 40% ~ 50% 的权利。

美国的公司治理模式根植于发达的公共证券市场，美国证券市场的成熟使美国公司更注重外部市场控制机制，即来自股东的监控。当新的工业公司为扩大生产规模而筹措资金时，他们可以选择主要从事政府债券和公共事业公司股票交易的证券市场。纽约证券交易所于 1792 年成立，它为当时美国公司筹资活动起到了重要的中介作用。在美国证券市场发展的过程中，美国国会通过立法对证券交易所加强管理，建立了一套自我约束机制，监督向公众出售证券的经纪人的活

---

① 伯利、米恩斯著：《现代公司与私有财产》，商务印书馆 2005 年版。

② 同①。

③ 同①。

动，成立了联邦证券交易委员会，执行新的联邦证券法，严格划清投资银行和商业银行的界限，同时更加严格地要求上市公司彻底公布财务状况并给局外人以更大的监督权，促进了证券市场的发展。股东通过在证券市场上"用脚投票"买入卖出股票，或对企业进行并购接管等方式实现对经营者的监督，这种外部环境的变化，赋予 20 世纪 80 年代的公司治理以新的内涵，使其又增加了许多防止敌意收购的新的内容，如毒丸计划、绿色铠甲以及秘密投票权的导入等。从 1985 年至 1990 年，通过恶意接管易主的公司股票价值达 1 400 亿美元。另外，股东监控机制也带来了经营者的短期行为。

针对美国公司股权分散、内部人控制现象严重的现象，美国引入了独立董事制度。1977 年经美国 SEC 批准，纽约证券交易所颁布一条新条例，要求本国的每家上市公司设立并维持一个由独立董事组成的审计委员会，这些独立董事不得与管理层有任何会影响他们作为委员会成员独立判断的关系。到了 20 世纪 90 年代，美国《密歇根州公司法》在美国各州立法中率先正式创设独立董事制度，至此，独立董事作为美国上市公司董事会的重要组成部分，便成为一种正式的制度安排被确定下来。另外，到 20 世纪 80 年代中期，美国政府决定鼓励持股人参加公司投票选举，即"用手投票"。一些大股东出于自身利益的考虑开始直接关注企业的经营，恶意接管几乎停止。机构投资者的迅速发展使其在股东监控机制中所发挥的作用引起了越来越多的关注，种种法律规制也作出了调整。20 世纪 90 年代以来，美国公司治理进入了一个变革的时期，其核心在于如何强化董事会的监督。在 21 世纪初丑闻频发的背景下，美国证监会和纽约证交所相继修改了上市规则与指导意见，其核心是提高董事会的独立性，加强对公司管理层的监督。主要内容涉及：第一，提高独立董事的数量；第二，强化公司董事会独立性；第三，对董事费用进行明确；第四，加强对董事的教育和培训。纽约证交所还计划与公司治理方面领先的权威机构共同建立董事学院，从而直接向董事提供正式培训。可见，美国的独立董事制度是针对上市公司股权分散、内部人控制现象严重而设立的，财务丑闻曝光后，美国上下是通过进一步完善独立董事制度来加强对经理层的监督。

与此同时，美国还强调从激励到激励与约束并重是出于提高经理人员的努力程度，美国公司治理模式更注重对经理人员的薪酬激励。所以，美国公司经理人员的薪酬水平高于世界其他国家，经理人员与职工的薪酬差距也比较大。20 世纪 90 年代以前，对管理层的物质报酬大都采用高薪的方式。90 年代以后，股票期权制度逐步盛行。股票期权一方面能使高层经理人员利益与公司长远利益相一致，从而解决两权分离时的激励不相容难题；但另一方面，股票期权制下经理者阶层收入直接与股票价值挂钩，在不具备有效的约束机制条件下，有可能诱发高层经理人员实施不断抬高股价的会计欺诈行为。2001 年美国安然公司的破产，世界通讯、施乐、默克等大公司一连串财务造假丑闻曝光后，许多人在批评美国会计制度和上市公司监管方面的缺陷的同时，认为股票期权激励制度是企业经营管理者"造假"的根本动因。在这个热背景下，美国国会出台了《2002 年公众公司会计改革和投资者保护法案》。该法案由美国众议院金融服务委员会主席奥克斯利和参议院银行委员会主席萨班斯联合提出，又被称作 2002 年《萨班斯—奥克斯利法案》（简称《萨班斯法案》）。该法案在会计职业监管、公司治理、证券市场监管等方面作出了许多新的规定，被认为是自 20 世纪 30 年代美国经济大萧条以来，涉及范围最广、处罚措施最为严厉的公司法律，其最突出的特点在于强化了公司 CEO 与 CFO 的监管责任，强制性要求完善内部控制机制，对于违反法案的公司管理层等相关利益主体实行严厉的惩罚规则。

（三） 英美外部市场型公司治理模式的特征

美国和英国的股东监控机制建立在英美高度分散的、流动的股权结构的基础之上，形成"市场控制主导型"的公司治理模式，与日德"主银行控制主导型"的公司治理模式形成鲜明的对照。从总体上来讲，英美两国公司股权结构高度分散，社会公众持股较为普遍，股东主要是通过证券市场"用脚投票"的方式行使股东的权利，政府比较重视对投资者利益的保护。经营者对企业的控制权较强，基于证券市场的评价标准，使得人们更看重短期利益。具体来说，英美股权主导型公司治理模式的特征有：

1. 股权高度分散，股东对经营者的监控主要通过股票市场

英美公司股权结构具有高度的分散性，而且相当一部分股东是只有少量股份的股东，这与英美强调股票在证券市场上的流动性是分不开的。英美股东结构的分散性特点决定了其股东监控机制的特征，即对英美公司高层经理人员的监督主要来自股票市场。也就是说，英美两国公司的外部治理机制主要是通过证券市场的股票交易活动来对经营者产生必要的压力。英美国家资本市场高度发达，股票流动性高，股东的投资回报来自公司的股息和红利分配，在证券市场上股价升值中获得的资本增值收益。投资回报的多少和所有者权益是评价经理业绩的重要指标，当公司由于经营管理不善，造成公司业绩下滑时，股东就会选择"用脚投票"，在资本市场上出售股票走人。当股东大量抛售股票，公司的股价就会下跌，导致公司价值贬值，这就为资本市场上的战略投资者提供了低成本接管购并的机会。一旦公司被接管购并，原有公司的经营战略就会重新调整，管理不善的状况

就会得以矫正。在接管购并重组过程中，对于原有公司董事会和经理层中的不称职成员来说，就面临着被解聘的危险。总的来看，英美股东在对公司所行使的监控权上表现得比较消极。从个人股东的方面来看，这些小股东不具备控制或者影响董事会决策的能力。另外出于个人利益的考虑，个人股东对公司的监督也极少积极投入。之所以如此，是因为：其一，成本的考虑，即当一个股东在投票决定对公司决策的赞成与否之前，为作出理性的判断而获得信息的成本要大于因此投票而获得的利益。其二，"免费搭车"问题，即在股权分散、股东各自独立的情况下，每一个股东都希望其他股东积极行使监督权而使自己获利，其结果是无人行使监督权。其三，公平问题，如果某些股东，尤其是大股东为自己的利益积极行使了股东权，那么因此获利的将是全体股东，积极行使股东权的股东为此耗费自己的成本，而使另外一些股东不劳而获，这种不公平也妨碍了股东积极行使投票权。

2. 单层董事会制度，董事会制度完善，但董事会缺乏一定的独立性

英美两国实行的都是单层董事会制度，董事会成员由股东直接选举产生。股东大会与董事会之间的关系实际上是一种委托代理的关系。董事会是股东大会的常设机构。董事会在法律上被赋予极大的权利，一般情况下，公司管理层的权力，除了公司章程有规定外，全部来源于董事会，相当于管理层，公司董事会处于授权人的位置，发挥决策和监督的作用。英美公司的董事会在内部管理上有两个鲜明的特点：

其一，董事会内部设有不同的委员会，以便协助董事会更好地进行决策。一般而言，英美公司的董事会大都附设执行委员会、提名委员会、薪酬委员会等一些委员会。这些委员会一般都是由董事长直接领导，有的实际上行使了董事会的大部分决策职能，因为有的公司董事太多，如果按正常程序进行决策，则很难应付千变万化的市场环境。在这种情况下，董事会是股东大会的常设机构，而执行委员会又成为董事会的常设机构。除设置这样一些具有明显管理决策职能的委员会外，有的公司还设有一些辅助性委员会，如审计委员会，主要是帮助董事会加强其对有关法律和公司内部审计的了解，增进董事会对财务报告和选择性会计原则的了解。近年，美国的有些公司又成立了公司治理委员会，用以解决专门的公司治理问题。其二，将公司的董事分成内部董事和外部董事。内部董事是指公司现在的职员，以及过去曾经是公司的职员，现在仍与公司保持着重要的商业联系的人员。外部董事包括三种人：一是与本公司有着紧密的业务和私人联系的外部人员；二是本公司聘请的外部人员；三是其他公司的经理人员。外部董事一般在公司董事会中占多数，但一般不在公司中任职；内部董事一般都在公司中担任重

要职务，是公司经营管理的核心成员。自21世纪70年代以来，英美公司中的外部董事比例呈上升趋势。按理讲，完善的董事会制度和外部董事的引入会加强董事会对经营者的监督与控制，但是，英美大公司中同时存在的一个普遍现象是公司首席执行官兼任董事会主席。这种双重身份实际上使董事会丧失了独立性，其结果是董事会难以发挥监督职能。

3. 实行首席执行官（CEO）制度，经营者拥有较大的控制权

从理论上讲，董事会有权将部分经营管理权力转交给代理人代为执行。这个代理人就是公司政策执行机构的最高负责人。这个人一般被称为首席执行官，即CEO。在多数情况下，首席执行官是由董事长兼任的，即使不是由董事长兼任，担任此职的人也几乎必然是公司的执行董事并且是公司董事长的继承人。但是，由于公司的经营管理日益复杂化，经理职能也日益专业化，大多数公司又在首席执行官之下为其设一个助手，负责公司的日常业务，这就是首席营业官，即COO（Chief Operation Officer）。在大多数公司，这一职务一般由公司总裁（President）兼任，而总裁是仅次于首席执行官的公司第二号行政负责人。也有的公司，由董事长同时兼任公司的首席执行官和总裁。此外常设一名首席营业官协助董事长兼首席执行官的工作。在英美公司的行政序列中，以首席执行官的地位最高，其次为公司总裁，再次为首席营业官。在总裁以下，各公司还常常设有多名负责具体业务的副总裁，包括执行副总裁和资深副总裁。这些副总裁一般都负责公司的一个重要业务分部，或者是作为公司董事长和首席执行官的代表担任重要子公司的董事长兼首席执行官。由于首席执行官是作为公司董事会的代理人而产生，授予他何种权利、多大的权利以及在何种情况下授予，是由各公司董事会决定的。首席执行官的设立，体现了公司经营权的进一步集中。

4. 外部审计制度的导入

需要注意的是，英美公司中没有监事会，而是由公司聘请专门的审计事务所负责有关公司财务状况的年度审计报告。公司董事会内部虽然也设立审计委员会，但它只是起协助董事会或总公司监督子公司财务状况和投资状况等的作用。由于英美等国是股票市场非常发达的国家，股票交易又在很大程度上依赖于公司财务状况的真实披露，而公司自设的审计机构难免在信息发布的及时性和真实性方面有所偏差，所以，英美等国很早便出现了由独立会计师承办的审计事务所，由有关企业聘请他们对公司经营状况进行独立审计并发布审计报告，以示公正。英美等国公司每年的财务报告书都附有审计事务所主管审计师签发的审计报告。政府的审计机构也在每年定期或不定期地对公司经营状况进行审计并对审计事务

所的任职资格进行审查。这种独立审计制度既杜绝了公司的偷税漏税行为，又在很大程度上保证了公司财务状况信息的真实披露，有助于公司的守法经营。外部审计制度的导入，英美公司中没有监事会，而是由公司聘请专门的审计师事务所负责有关公司财务状况的年度审计报告。

5. 银行难以在公司治理中发挥作用

英美的银行只是纯粹的资金提供者，难以在外部治理中发挥作用。银行的股份投资在英美，尤其是在美国受到严格的限制，英美股权分散化和公司的融资方式直接相关。与其他发达国家不同，英美公司的融资方式是以直接金融为主，间接金融为辅，即公司主要是通过发行股票和债券的方式从资本市场上直接筹措长期资本，而不是依赖银行贷款。这一特点是由英美实行的金融体制所决定的，尤其是美国。虽然美国商业银行众多，约有 1.4 万家，但美国法律规定，银行只能经营短期贷款，不允许经营 7 年以上的长期贷款。这样，美国公司的长期资本就无法通过银行间接融资，而要依靠证券市场直接筹资，英美都是具有反垄断传统的国家，公众一向反感由于财富集中和垄断而压抑公平竞争，政府为了迎合大众意愿，制定诸项限制持股人的法案。从形式上看，英国对金融机构集中持有公司的股票虽然没有什么法律限制，但实际上却存在许多谨慎规则。例如，如果商业银行在一个公司持股较多，必须事先得到英格兰银行的许可；如果承受的风险大于银行资本金的 10%，也必须得到英格兰银行的批准等。和美国一样，英国的内部交易法也反对股票投资者为控制公司而大量持有公司的股票。

6. 机构投资者在公司的治理中日趋重要，但其作用有限

迅速发展的机构投资者在外部治理中扮演着日趋重要的角色，但分散的股权仍限制其作用的发挥。在过去 20 年里，美国机构持股增长很快，机构投资者所占比例不断加大，但股权尚不集中。为了适应企业外部直接融资的需求，美国非银行的各类金融机构逐渐发达起来，各种养老基金、互助资金、保险、信托公司成为公司筹措资金的极其重要的中介机构。尤其是近几十年来，机构投资者的持股率上升很快，使原先占有压倒优势的个人股东持股率持续下降。但是由于法律与公司章程的限制，各金融机构在每家公司的持股比例都不大，从而没能引起公司股权的高度集中。英国的情况和美国很接近。机构投资者不集中持有某一个公司的股票，除了法律的原因外，也是机构投资者出于自身利益的考虑而作出的合理选择。机构投资者为了分散投资风险，大多数将投资分散到多个公司，这就使他们成为多个公司的小股东（一般占某一公司股份总数的 0.5% ~3%）。

　　从机构投资者来看，尽管他们的出现为解决公司控制和监督问题提供了可能性，也克服了一般小股东不懂专业知识的弱点，但是至少到目前为止，还不能充分发挥其监督作用。虽然美国的机构投资者近年来已开始向积极参与企业战略管理的方向演化，20世纪90年代初，美国5家大公司的董事会（IBM、通用汽车、康柏、AT&T和美国运通）在机构投资者的压力下先后解雇了首席执行官，迫使公司领导班子从根本上改变经营策略，就是这种"投资人资本主义"改革的代表性事件。但总的来看，机构投资者仍处于消极股东状态。在美国和英国，大部分机构投资者不愿意陷入公司的经营和管理中去，很少干预和影响公司经营者的人选。在英国甚至很少投票，大部分机构投资者认为投票是浪费时间且毫无意义的。机构投资者表现出的消极股东状态出于多方面的原因：一是对于机构投资者而言也存在着"免费搭车"的问题。只有同一个公司的大多数机构投资者联合行动，才可能达到真正控制公司董事会的目的，但集体行动的成本过大，它与投资者的收益相比是一个难以衡量的问题。而且每一个机构投资者都希望通过其他投资者的监督行为而使自己获益。二是机构投资者的持股目的是为了获取利润。为了向基金参与者支付收益，如养老基金支付养老金等，机构投资者往往要在股票的股息率和其他的证券收益率如存款利率、债券利率之间作出权衡，在股票收益率高的时候买股票，在股票收益率低的时候卖股票。这样机构投资者就不会长期地持有一种股票。三是机构投资者在一家公司的股权相对分散。根据美国有关法律，保险公司在任何一个公司所持股票不能超过公司股票总值的5%，养老基金会和互助基金会不能超过10%，否则就会面临非常不利的纳税待遇，它的收入要先缴公司税，然后在向基金股东分配收入时再纳一次税。因此，通常对于一个机构投资者而言，在一个特定的公司中，并不总是处于优势地位。一般每个金融机构持有一家公司的股票只在1%~2%。因而其单独行事难以达到监督的目的。四是机构投资者有时缺乏独立性。一些机构投资者或者委托经营人往往与其所持股份的公司有利害关系，甚至与他们所持股的公司有业务往来，这样他们在行使股东权时，多从本身的利益出发，而不是从所有股东的利益出发，与被监督的经营者容易保持一种暧昧的合作关系，因此难以承担监督之任。尽管如此，应该看到机构投资者的出现为解决英美公司治理问题提供了可能性。机构投资者多由专业人员控制，具有经营知识、专业技能，有时间、精力和财力对所投资的公司实现有效的监督，同时所投资的公司经营得越好、发展越有前途，机构投资者的收益越大、越稳定，也会带来自身的发展。基于这一点，机构投资者的治理是很有潜力的，当然，这种可能性要变为现实尚需要进一步的变革，需要排除不利的因素和障碍。

（四）英美外部市场型公司治理模式的形成原因

英美现代公司的发展是在 19 世纪中后期。科学技术的发展导致了经济规模的迅速扩大，这就需要把众多的劳动力和资本集中在一种单一的组织之中，组成一个富有成效的实体。在这种背景下，股份公司成为最适当的形式。在股份公司发展的初期，所有权与经营权的分离是不可避免的。尤其随着经济的发展，公司经营规模、范围的扩大，专业化的经理阶层出现，更加大了所有者与经营者的分离速度。由此而产生的利益冲突便也出现了。公司作为法人，是市场经济的主体，它要求经营者追求公司利益的最大化。而公司的经营者作为自然人，也在追求自身利益的最大化。经营者为了满足自己的利益，就有可能滥用权力损害公司的利益，进而损害公司所有者的利益。这种利益的冲突可以说是公司治理形成的内在因素，也是各种公司治理模式共同的产生原因。而造成公司治理模式之间差异的因素则来自特定的法律与制度、资本市场的发育水平、利害相关者的价值观以及政治、文化和历史因素等。

1. 崇尚自由和个人主义的历史文化传统

从文化根源上来讲，英美两国都有着崇尚自由的个人主义传统，推崇个人主义，鼓励张扬个性，强调天赋人权，重视对个人利益的保护，向往平等自由，这决定了其在公司治理中坚持股东权益至上的治理理念、强调公平的市场竞争对公司的治理重要性，重视资本市场对公司发展的推动作用这一根本立场。

2. 证券市场的高度发达

从历史发展进程的角度看，19 世纪中后期，英美现代公司开始发展。随着工业革命和工程技术的不断发展，大规模生产和分销的出现形成了对资本的大量需求。在公司需求大量资金的前提下，金融资本不可避免地进入公司：一种是通过资本市场以直接投资的方式进入，这要求有一个成熟发达的资本市场；另外一种是通过银行以间接融资的方式进入。英美证券市场的高速发展导致英美两国公司主要是通过证券市场采用直接融资的方式筹措资金。这一方面造成了英美公司股权的分散，使股东倾向于且可以比较方便地通过证券市场的股票交易实现公司治理；另一方面，高度发达的证券市场造成了英美所有权与经营权开始分离，专业化的经理阶层出现，更加大了所有者与经营者的分离速度，使经营者成为公司运营的控制者。另外，投资者通过股票交易"用脚投票"的机制也造成了美国经营者更关注于公司股票表现的短期利益导向。

3. 国家对金融业的管制

对金融业的管制，是英美公司治理机制形成的直接原因。英美法系国家政府对投资者（尤其金融机构）持有私人公司大量股权和债权的监管方面的限制导致了相对分散的股权。虽然美国经济倾向于较少地受到管制且比较灵活，但鉴于金融业在国民经济中的特殊地位，美国是世界上金融管制最为严厉的国家之一，在19世纪末，科学技术的发展使企业的规模空前膨胀，其巨大的资本需求只有通过证券市场聚集众多独立投资者的储蓄来满足，而储蓄可以通过银行、保险公司、共同基金和养老基金等大规模的金融中介机构（美国金融中介机构的资产全部为这四种机构所持有）转移，这些金融中介机构聚集起人们的储蓄并用他们进行投资，同单个投资者相比，金融中介机构更有实力在大的企业里拥有大额股票。而美国政府对金融的管制，反复地阻止金融中介机构发展到拥有足以在大型企业中产生影响力的大量股票，对企业的治理结构也产生了深刻影响。正是美国政府多年来的金融管制，拆散了金融中介机构，削弱了他们在上市公司内部的力量，从而形成了"强管理者、弱所有者"的公司治理结构。美国社会具有一种根深蒂固的平民主义思想，他们对权力的集中具有持久的不信任感，正是在这一思想的影响下，美国金融管制制度一再阻止金融机构拥有对大型产业具有控制权的股票份额，拥有最多资金的银行被禁止持有股票和在全国范围内经营；保险公司在20世纪的大部分时间里被禁止拥有任何股票；共同基金不能进行集中投资，更无法控制产业界；证券法规使养老基金难以联合经营而产生影响。这样，由股权的分散化导致企业权力向管理人员的集中。

在英国，尽管对集中持有公司股权的正式限制不多，但是非正式的限制却是大量存在的。银行和非金融公司间的联系必须服从严格而审慎的法规，银行资本暴露超过10%以上须经英格兰银行批准。养老基金、互助基金和保险公司本身对其股权投资也有若干限制，例如，对单个公司的投资不得超过它们资产的2%～5%。

（五）　对英美外部市场型公司治理模式的评价

1. 市场治理机制有利于通过资本市场优化资源配置，但也造成了经营者的短期行为

英美两国公司股权高度分散，股东通过市场机制来监督公司的经营和实现利益最大化，资本流动性比较强，股东根据股票市场价格的涨落和股票回报率来决定投资的方向。资本市场的高度流动性能够使投资者容易卖掉手中的股票，从而减少投资风险，保护投资者的利益，同时有利于证券市场的交易活跃、信息公

开，并促进了资金流向优势的产业和公司可以有效实现资本的优化配置。因为如果公司经营不善，业绩不佳，股东就会在证券市场上抛售该公司的股票，把资本投入到其他有生命力、有前途的公司，从而既达到了股东利益最大化的要求，也实现了资本的优化配置。当公司的行为损害了小股东利益的时候，小股东同样可以通过发达的证券市场来减少自己的损失。

高度分散的股权结构造成了经营者的短期行为。由于股东判断企业经营优劣的标准主要是股息红利和股票价格的高低，而金融市场有时短视和缺乏忍耐力的，公司经营者在股东追求短期利润和高分红率的巨大压力下，不得不以满足股东收益最大化作为经营目标。股东投资行为的短期性导致公司经营者把注意力集中在近期或季度性利润上，美国公司的经理和董事所得到的有关所有者预期的信息就是：如果逐月提高盈利水平，股东就维持和增加投资；如果盈利下降，股东就出售股票，即"用脚投票"。在这种情况下，公司的经营者们面对激烈竞争的环境只能对短期目标更为注重，这种监督机制带来的直接后果就是损害企业的长期利益和发展。

2. 股权的高度流动性使公司资本结构的稳定性差，也形成了资本市场的套利行为

由于股东以追求投资收益率最大化为其目标，企业经营一旦出现波动，股份便不断转手，这不仅使公司的长期发展没有稳定的资本结构的保障，而且很容易造成企业兼并接管的动荡，如美国在 20 世纪就曾产生过 5 次兼并浪潮。公司的正常运作需要稳定的资本结构为基础，恶意接管给公司带来的动荡，难以使所有者和经营者保持长期的信任和合作。另外，在 20 世纪 80 年代中后期，公司收购逐渐有作为掠夺财产的一种方式的趋向，一些公司在被收购后，被分割出卖，公司收购成为一种套利的行为。而且出现了小公司吃掉大公司，经营差的公司吃掉经营好的公司的现象。

3. "强管理者、弱所有者"的治理结构有利于提高经营的效率，同时也带来了严重的治理问题

英美公司的经营者，特别是英美国大公司的高级管理人员有相当的经营自主权，这样不但可以使经营者能够根据市场变化迅速地调整公司的经营策略，提高公司对市场的反应能力，同时也可以保持经营者的工作热情和创新力，这是英美两国的公司得以快速发展和保持竞争力的重要因素。但同时，由于竞争者权力的膨胀，也带来了英美两国公司严重的治理问题。由于竞争者和股东存在严重的信息不对称，经营者对公司的情况更为了解和熟悉，弱化了企业的所有权约束，而强化了管理者的权利的局面就造成了经营者滥用自身的权利侵害股东利益，比如玩忽职守和谋取私利、对报表进行造假粉饰公司业绩等，这严重损害了股东的利益。21世纪以来，美国经营者权利的膨胀和股票期权计划的双刃剑作用，造成了管理层大肆造假以粉饰公司业绩、抬高股价、获取暴利、高管薪酬畸高且与业绩脱离等现象普遍存在。2001年安然、世通等一系列公司丑闻的发生，不得不令人对美国模式进行深刻的反思。

4. 英美公司治理模式需要完备的法律体系支持

在英美模式中，主要依靠资本市场的力量来进行公司治理，政府更多的是从制度上和规则上引导企业，政府无权干预企业，企业之间、企业和政府之间、企业不同利益之间的纠纷一般通过法律来解决，英美对中小投资者的保护以及对公司高层管理人员的制约也是通过法律实现的，在实务中，法律诉讼成为中小投资者保护自身权益的有力工具。所以采用英美治理模式的国家不但需要发达的证券市场，还需要完备的法律体系来支持。

二、

德日内部控制型公司治理模式

（一）德日内部控制型公司治理模式的产生背景

1. 资本市场发展缓慢，金融机构在经济发展中占重要地位

长期以来，德国和日本政府对证券市场的限制十分严格，对非金融企业直接融资采取歧视性法律监管政策，导致的后果就是资本市场发展缓慢。而与此同时，由于德国和日本的金融机构则迅速发展，且在整个经济发展中有占有重要地位。从1871年德国开始重建，大银行如雨后春笋般纷纷开始设立。他们为政府建立现代工业的目标服务，为企业提供融资服务，最初充当了风险投资公司的角色。当借款需要偿还时，德国银行不是简单地向企业收取现金，而是把自己的债券转化成为向大众出售的股权。德国银行深受政府政策和国家法律的保护，德国的《反托拉斯法》没有对银行持有公司股份作出任何限制。第二次世界大战后德国重建时期，银行不仅具备为企业提供贷款的功能，还帮助企业发行股票、认购债券，提供流动资金，金融体系中的核心地位可见一斑。因此，在德国，证券业与银行业没有出现真正的分离，银行有权收购或持有任何合法的公司股份，成为名副其实的"全能银行"。所谓"全能银行"，一是拥有商业银行的功能，进行存贷业务；二是拥有投资银行的功能，拥有企业的股权。而日本在第二次世界大战后出于经济发展的资金需求，通过国家的政策支持和对金融体制的整顿与调整，到 1955 年已建立起了完备的金融体制，建立了以银行间接融资为主的金融体制，日本的银行得到了巨大的发展，但金融市场却失去了发展的基础。

2. 法人持股或法人相互持股

法人持股，特别是法人相互持股是德日公司股权结构的基本特征，这一特征尤其在日本公司中更为突出。第二次世界大战后，股权所有主体多元化和股东数量迅速增长是日本企业股权结构分散化的重要表现。但在多元化的股权结构中，股权并没有向个人集中而是向法人集中，由此形成了日本企业股权法人化现象，构成了法人持股的一大特征。据统计，日本 1949 ~ 1984 年个人股东的持股率从 69.1% 下降为 26.3%，而法人股东的持股率则从 15.5% 上升为 67%，到 1989 年日本个人股东的持股率下降为 22.6%，法人股东持股率则进一步上升为 72%，正是由于日本公司法人持股率占绝对比重，有人甚至将日本这种特征称为"法人资本主义"。由于德日在法律上对法人相互持股没有限制，因此德日公司法人相互持股非常普遍。法人相互持股有两种形态：一种是垂直持股，如丰田、住友公司，它们通过建立母子公司的关系，达到密切生产、技术、流通和服务等方面相互协作的目的。另一种是环状持股，如三菱公司、第一劝银集团等，其目的是相互之间建立起稳定的资产和经营关系。总之，公司相互持股加强了关联企业之间的联系，使企业之间相互依存、相互渗透、相互制约，在一定程度上结成了"命运共同体"。

（二）德日内部控制型公司治理模式的形成历程

1. 日本公司治理模式的形成历程

当代日本公司治理模式脱胎于其前身——财阀集团或家族企业集团。在 20 世纪三四十年代，日本军政当局就敦促家族银行合并，还替大多数公司指定一家主银行，并把银行当做政府基金流通的管道。在第二次世界大战的战时经济中，财阀集团起到了重要作用，从而日本当局也容忍了财阀势力扩张增长，持股人对管理者的控制大大减弱，企业的股份高度集中于少数财阀家族手中，财阀家族通过控股公司层层控制大批企业，从而形成了高度集中的"金字塔"式的股权结构。战后初期，日本公司总资本 323 亿日元，其中三井、三菱、住友、安田四大

财阀及其所控制的资本就达 79 亿日元，占 24.5%，十大财阀所控制的资本高达
114 亿日元，占 35%。

第二次世界大战后，美国占领军总司令部认为企业所有权集中于财阀家族是
日本战前经济体制的特征，并且与军国主义紧密联系在一起。因此通过解散财阀
层级制所有权结构来消除家族控制，以及解除控股公司与子公司之间的层级控股
关系，试图在日本通过"经济民主化"建立市场控制公司型的治理结构，从而使
日本企业制度美国化。一方面，设计出一个以个人投资者为中心的分散的所有权
制度，通过市场和股东会监督管理人员，当时在全国 437 亿日元的股份资本中属
于高度集中、成为分散化对象的股份资本就达 181 亿日元，占比高达 42%。在美
国占领当局主持下，对其进行了分割。其分割结果，从业人员拥有股份 38.5%，
一般出售占 27.7%，投标占 23.3%，战时特别补偿税占 7.4%，公司分割费占
2.9%，偿还外国人财产为 0.2%。① 这样经过战后解散财阀的民主改革运动，日
本战前的股权结构发生了根本性变化，出现了分散化特征。另一方面，为了避免
控制权再度集中，1947 年实施的《禁止垄断法》禁止工业公司持有股份，并限
制金融机构不得持有一个公司 5% 以上的股票。1947 年的《证券交易法》脱胎于
美国的《格拉斯—斯蒂格尔法》，禁止商业银行承销、持有和交易公司的证券。
对金融机构按照框定的模式进行分工，即一个项目的"事前监督"委托给投资银
行，"事中监督"委托给商业银行，"事后监督"委托给股票市场，从而将商业
银行与投资银行分离。另外在财阀解散的过程中，通过了 1948 年 1 月生效的
《终止财阀家族控制法》，该项法律要求十大财阀公司中有影响的官僚离职，而支
薪职业执行人员取代了原先的执行人员接管了最高管理层，占据了经理位置。这
种管理权的移交对日本大企业的公司治理产生了重要影响，即完全消除了外部
董事。

1948 年年初，对与财阀有关的股票实行清算，第一优先购买被清算股票的
权力给予了公司的雇员，并为雇员购买股票提供金融支持。这样一种以个人投资
者为中心的普遍的所有权结构代替了控股公司为中心的所有权结构。1949 年，
由于股票过度供给，公司的利润和利息较低，导致了股票价格狂跌，雇员为了个
人的短期利益纷纷卖出了他们的股票。因此雇员所有权的地位下降了，于是日本
政府同时提出几种方法来维持股票价格。首先是政府鼓励金融机构持股；其次是
修改最初的反垄断法规。1953 年大幅度修改了《禁止垄断法》，包括第 13 款，
将金融机构的所有权限额从以前的 5% 提高到 10%。随着这一政策的变动，所有
权结构从以个人为中心的所有权开始变为以机构为中心的所有权。1949 ~ 1955

---

① 青木昌彦、钱颖一：《转轨经济中的公司治理》，中国经济出版社 1995 年版。

年，个人所有权从 69% 降至 53%，而对这种所有权结构改变起作用最大的是金融机构，特别是保险公司和信托银行，同时通过相互交叉持股而使内部成员公司联系紧密的企业集团在 20 世纪 50 年代出现了。到了 60 年代，为了防止被恶意接管，集团内部相互持股得到了发展。1950 年以后，随着日本经济的恢复与发展，公司所需的新的重建资金已不再从股票市场筹集，而是由城市银行（私人金融机构）提供。与此相对应的则是股本融资迅速减少，城市银行的贷款则靠日本银行贷款支持，日本战后向城市银行提供的贷款在 1949 ~ 1950 年增加了 3 倍，这些来自城市银行的借贷方式被称为系列融资，它意味着最大的六家银行（三井、三菱、住友、富士、第一劝业、三和）和日本兴业银行通过大量借款，来满足同系列的公司近半数的货币需求。这样随着激烈的贷款竞争，主银行及其监督体系得以确定下来，形成了日本公司的治理模式。

2. 德国公司治理模式的形成过程

典型的德国企业治理模式的形成，可以追溯到 19 世纪 70 年代。从 1870 年开始德国的公司法就要求，除了股东会以外，公司还应当设立两个机构：一个是监事会，另一个是管理董事会。当时创立两会制的主旨是强化股东对管理者的控制权限：一方面，股东们可以通过股东会行使自己的基本投资权利；另一方面，也可以通过由股东代表所组成的监事会有效地履行监督和控制职能。按两会制的要求，管理董事会负责管理公司的日常经营业务，并代表公司与外界打交道。监事会要监督和确保公司的生产经营业务能够顺利地展开和进行，原则上并不直接插手和干预具体的生产经营过程。但是，对某些公司章程或监事会另有特别规定的项目或决策，管理董事会在具体执行、落实之前必须报经监事会审批或认定，而且监事会对这些项目和决策享有否决权。当管理董事会的项目或决策遭到监事会否决后，管理董事会可以要求召开特别股东大会对被否定的议案进行复议。如果股东们对管理董事会所提议案投赞成票的比率高于 75%，则监事会的否决便告失效，管理董事会仍可实施原项目或计划决策。在德国企业治理结构中，监事会和管理董事会是两个独立的机构，为确保监事会和管理董事会独立行使职能，两会中的成员不得交叉任职。

在第一次世界大战期间，德国政府明文规定，凡是与军务生产有关的企业，一旦雇工超过 50 人就必须设立企业工厂委员会，职工参与式的联合决策制度就此产生。在 1933 年，纳粹分子取消了企业工厂委员会，在 1948 年盟军对战败的德国实行联合控制时期，职工参与式的联合决策制度又得以实施。当时，德国的主要矿山企业分布在由英国军队管辖的鲁尔河地区，就是这一地区的煤炭和钢铁企业率先真正实施联合决策制度的。

联合决策制度最初只适用于千人以上的煤炭和钢铁企业，其核心内容是工会代表和职工代表进入监事会，监事会是企业治理结构中唯一的一个管理机构，其功能与规范化公司中的董事会极其相似。监事会由 5 名股东代表、5 名职工代表和一名中立的董事长所组成。1950 年 5 月 16 日，盟军最高委员会将这些工业企业移交给按联邦德国公司法新成立起来的公司。本来，当时联邦德国的公司法并不承认联合决策制度的合法性，这就意味着，随着工业企业移交过程的结束，结合决策制度就应当完成其历史使命。但是，一方面由于这种治理模式确实具有很多优点，另一方面也慑于工会组织以罢工相要挟。于是，联邦德国议会在 1951 年通过了《煤炭和钢铁行业参与决定法案》，使联合决策制度以法律形式确定下来。

在非煤、钢行铁业中，联合决策制度主要是通过企业工厂委员会来实现的。企业工厂委员会是联合决策制度的一种初级形式，是在 1952 年的《企业制度法》中加以确立的。1976 年 7 月 1 日，规定职工享有决策参与权的《联合决策法案》正式生效，它突破了原联合决策制度只限于煤、钢铁行业的局限性，适用于职工人数在 2000 名以上的股份有限公司、股份两合公司、有限责任公司等。这一法案规定职工代表必须进入监事会，而且所占席位上升到 50%，与股东的席位持平。监事会的规模视企业职工人数而定：不足 1 万名职工的中小型企业，由 12 人组成；1 万 ~ 2 万名职工的大型企业，由 16 人组成；2 万名职工以上的超大型企业，由 20 人组成。

至少从俾斯麦时代起，银行就是德国公司治理结构的核心。俾斯麦曾通过银行促使经济增长。开始时，银行只是公司的债权人，但当银行所放款的那家公司到证券市场融资或拖欠银行贷款时，银行就变成了该公司的大股东，银行可以持有一家公司多少股份，并无法律上的限制，只要其金额不超过银行资本的 15%就行。第二次世界大战后德国工业重建初期，银行成为企业资金的主要供应者，从提供贷款、认购风险资本到帮助发行股票、认购债券、提供流动资金，很快确立起在德国金融体系中的核心地位。

（三）　德日内部控制型公司治理模式的特征

德日内部控制型公司治理模式又称为网络导向型治理模式，是指法人股东、银行（一般也是股东）和内部经理人员的流动在公司治理中起着主要作用，而由于资本流通性较弱，证券市场在公司治理中的作用不占主导地位。

1. 商业银行在公司治理中处于核心地位

与英、美等国融资结构特点相比，日本和德国的融资途径主要是通过银行，债权比例相对较高，另外，银行不仅是企业的主要债权人，同时还与企业相关持股，从而兼有债权人和股东双重身份，由此，在日本和德国形成了颇具特色的主银行体系。所谓主银行是指某企业在接受贷款中居第一位的银行称为该企业的主银行，而由主银行提供的贷款称为系列贷款，包括长期贷款和短期贷款。

日本的主银行制是一个多面体，主要包括三个基本层面：一是银企关系层面，即企业与主银行之间在融资、持股、信息交流和管理等方面结成的关系；二是银银关系层面即指银行之间基于企业的联系而形成的关系；三是政银关系，即指政府管制当局与银行业之间的关系。这三层关系相互交错、相互制约，共同构成一个有机的整体，或称为以银行为中心的、通过企业的相互持股而结成的网络。1956～1960年，日本公司向银行的借款占其全部资金来源的73%，1971～1975年则高达89.5%，整个20世纪80年代年至90年代初，这一比例虽然有所下降，但主银行作为公司最大债权人的地位并未动摇。另据资料表明，日本公司的主银行排在一、二位的约占72%，而主银行不在前20位股东的公司只有11%中。在日本的上市公司中，主银行既是公司的最大贷款者，同时又是公司最大股东。

在德国，政府很早就认识到通过银行的作用来促进经济的增长。开始银行仅仅是公司的债权人，只从事向企业提供贷款业务，但当银行所贷款的公司拖欠银行贷款时，银行就变成了该公司的大股东，银行可以自己持有一家公司多少股份，在德国没有法律的限制，但其金额不得超过银行资本的15%。一般情况下，德国银行持有的股份在一家公司股份总额的10%以下。另外德国银行还进行间接持股，即兼做个人股东所持股票的保管人。德国大部分个人股东平时都把其股票交给自己所信任的银行保管，股东可把他们的投票权转让给银行来行使，这种转让只需在储存协议书上签署授权书就可以了，股东和银行的利益分配一般被事先固定下来。这样银行得到了大量的委托投票权，能够代表储户行使股票投票权。到1988年，在德国银行储存的股票达4 115亿马克，约为当时国内股票市场总值的40%，加上银行自有的股票（约为9%），银行直接、间接管理的股票就占德国上市股票的50%左右。

德日独具特色的主银行体系使银行在公司治理中处于核心地位。一方面，银行因直接和代理持股成为公司最大的股东，当然享有对公司的监督和控制权，而且在实践中也能够切实行使权利对公司经营进行控制；另一方面，作为公司大股东的银行往往因其对公司的大量贷款同时又是公司的主要债权人，为了保证信贷资金的安全，必然密切关注公司有关经营信息和财务状况，以防范公司经营者认为加大贷款风险，并且在公司财务陷入困难时"相机治理"，以帮助公司改善经营摆脱困境，最终实现信贷资金的安全。银行双重身份使得其监督成本相对于独立的股东和债权人大大降低，另外，银行还有其信息和专业的优势，这导致德国和日本的银行不仅有动力，而且有能力对公司的经营进行监督和治理。

2. 双层董事制度

德国和日本实行的都是双层董事会制度，即业务执行职能和监督职能相分离，并成立了与之相对应的两种管理机构：执行董事会和监督董事会，亦称双层董事会。但具体而言，两国的董事会制度又有所不同，下面进行分析。

（1）德国的双层董事会制度。

德国公司在股东大会下面设监事会，监事会成员一部分是股东选举产生，另一部分是职工代表，监事会是公司股东、职工利益的代表机构和监督机构。德国公司法规定，监事会的主要权责，一是任命和解聘执行董事，监督执行董事是否按公司章程经营；二是对诸如超量贷款而引起公司资本增减等公司的重要经营事项作出决策；三是审核公司的账簿，核对公司资产，并在必要时召集股东大会。德国公司监事会的成员一般要求有比较突出的专业特长和丰富的管理经验，监事会主席由监事会成员选举，须经 2/3 以上成员投赞成票确定，监事会主席在表决时有两票决定权。由此来看，德国公司的监事会是一个实实在在的股东行使控制与监督权力的机构，因为它拥有对公司经理和其他高级管理人员的聘任权与解雇权。这样无论从组织机构形式上，还是从授予的权力上，都保证了股东确实能发挥其应有的控制与监督职能。监事会下设董事会，董事会作为企业的日常管理机构，接受监事会的领导和监督。德国内部治理结构如图 2－1 所示。

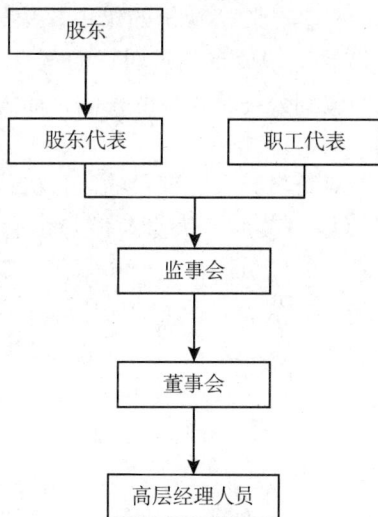

图 2－1　德国内部公司治理结构

德国董事会制度有别于其他国家的重要特征是职工参与决定制度。由于德国在历史上曾是空想社会主义和工人运动极为活跃的国家，早在 200 年前早期社会主义者就提出职工民主管理的有关理论。1848 年，在法兰克福国民议事会讨论《营业法》时就提议在企业建立工人委员会作为参与决定的机构。1891 年重新修订的《营业法》首次在法律上承认工人委员会。德国魏玛共和国时期制定的著名的魏玛宪法也有关于工人和职员要平等与企业家共同决定工资和劳动条件，工人和职员在企业应拥有法定代表并通过他们来保护自身的社会经济利益等规定。尤其在第二次世界大战以后，随着资本所有权和经营权的分离，德国职工参与意识进一步兴起，德国颁布了一系列关于参与决定的法规。目前，在德国实行职工参与制的企业共有雇员 1 860 万人，占雇员总数的 85%。这样，职工代表由工人委员会提出候选人名单，再由职工直接选举。职工通过选派职工代表进入监事会参与公司重大经营决策，即所谓"监事会参与决定"，使得企业决策比较公开，这有利于对公司经营的监督，同时还有利于公司的稳定和持续发展。因为职工在监事会中占有一定的席位，在一定程度上减少了公司被兼并接管的可能性。这也是德国公司很少受到外国投资者接管威胁的主要原因之一，从而保护了经理人员作出长期投资的积极性。

（2）日本的双董事会制度。

日本的公司在股东大设置董事会，董事会下设置监事会，也是双层董事会制度，但是和德国却有一定的区别。日本的董事会成员股东代表特别少，从总体上来看，具有股东身份的仅占 9.4%（主要股东为 5.7%，股东代表为 3.7%），而在上市公司特别是大公司中，具有股东身份的仅占 3.9%。日本董事会的大部分成员是由"内聘董事"组成，这些负有监督职责的董事大部分都是公司内部高、中层的经理管理人员，他们收到公司总经理的控制，而无法保持独立性，董事会不是股东真正行使监控权力的机构。

日本公司中的监事会是对董事会和经理层的监督机构，可随时检查董事和经理层的业务情况，必要时可以召集股东大会，但是没有任命董事和经理层的权利，因此地位并不高。监事会的成员通常是公司内部尚未升到董事位置的职员或者是任期已满的专职董事和常务董事。日本商法中也规定了必须有外部监事，外部监事一般是来自同一集团或关系的企业，因此监事会的功能也比较弱。日本内部治理结构图如 2-2 所示。

3. 严密的内部监控机制

德国和日本的股权相对集中，使得大股东有足够的动力去监控管理层。所以，德日公司的股东监控机制是一种"主动性"或"积极性"的模式，即公司

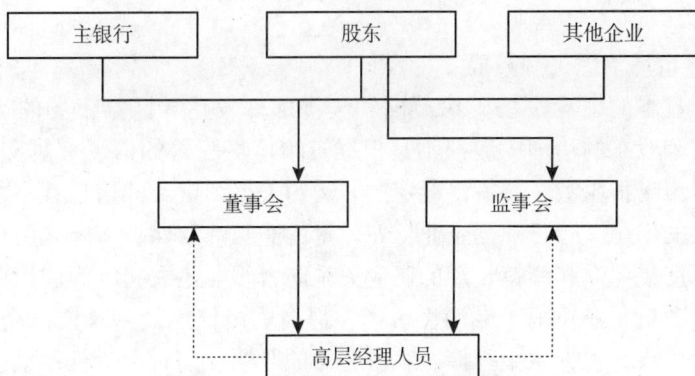

图2-2 日本内部公司治理结构

主要股东主要通过一个能信赖的中介组织或股东当中有行使股东权力的人或组织，通常是一家银行来代替他们控制与监督公司经理的行为，从而达到参与公司控制与监督的目的，如果股东们对公司经理不满意，不像英美两国公司那样只是"用脚投票"，而是直接"用手发言"。

德国的银行本身持有大量的投票权和股票代理权，因而在公司监事会的选举中必然占有主动的地位，德国在1976~1977年度的一份报告中表明，在德国最大的85个公司监事会中，银行在75个监督董事会中占有席位，并在35个公司监事会中担任主席。如果公司经理和高层管理人员管理不善，银行在监事会的代表就会同其他代表一起要求改组执行董事会，更换主要经理人员。由此可见，德国在监事会成员的选举、监事会职能的确定上都为股东行使控制与监督权提供了可能性，而银行直接持有公司股票，则使股东有效行使权力成为现实。

日本的公司由于相互持股控制现象比较严重，彼此影响力也相互抵消，但在多边相互持股的情形下，如果有一个法人绩效太差，其余持股法人当然就会群起而攻之。[1] 另外，日本对公司经理层的严密监控，一般是由主银行实施的，主银行通过过资金供给、参与经营决策及企业重组等手段形成对公司控制和监督。另外，日本公司还通过定期举行的"经理俱乐部"会议对公司主管施加影响。尽管"经理俱乐部"会议是非正式的公司治理结构，但它实际上是银行和其他主要法人股东真正行使权力的场所。在"经理俱乐部"会议上，包括银行和法人股东在内的负责人与公司经理一道讨论公司的投资项目、经理的人选以及重大的公司政策等。

---

① 银温泉：《美国、日本和德国的公司治理结构制度比较》，载于《改革》1994年第3期。

4. 证券市场治理机制较弱

德国和日本的证券市场不像英国和美国那么发达，证券市场的治理机制较弱。债权人和股东的治理一般都不是根据资本市场完善的信息披露和价格机制，德日的资本市场很少敌意并购，稳定的非契约关系和广泛的信息共享在公司治理中起了很大的作用。德日两国企业依靠大量的非契约的保护措施来防止利己主义的危害，以促进建立和维持长期的商业关系。由于能建立起牢固和持久的商业伙伴关系，企业更乐意投资于专用性资产，提高资产使用效率，增强企业竞争力，来降低风险。在日本，主银行握有客户公司的股票，同时主银行、供应商和客户之间频繁地进行经理层互换，形成一张信息共享网络，减少了隐瞒信息的数量，缩小了秘密行动发生的范围，实际上起到了监督作用。而德国情况也基本类似。德国公司中的外部董事通常来自其他大公司的经理层和有重要利益关系银行的经理层，能代表利益相关者进行监督。由于证券市场治理机制较弱，德日公司治理中对经营者的激励也不像英美那样利用股票期权，通过证券市场的市场机制实现，德国和日本对经营者的激励主要采取经营者年薪制和年功序列制的激励机制。以日本为例，主要是通过年功序列制度的刺激实现对经理人员的有效刺激。所谓年功序列制，是指经理人员的报酬主要是工资和奖金，奖励的金额与经理人员的贡献挂钩，公司经营业绩越显著，经理人员的报酬就越高。这种激励制度还包括职务晋升、终身雇用和荣誉称号等精神性激励为主，不是短期利润增长和股价上扬，而是更注重结合公司的长期目标绩效。

（四）德日内部控制型公司治理模式的形成原因

1. 政治、文化和历史原因

德日两国习惯于政治和经济统治权的集中，德国从俾斯麦时代起就把经济的统治权集中于银行手中，日本的经济控制权集中于少数的大财阀和家族手中。这与德日两国在历史的发展中逐渐形成的文化价值观有关。德日国都强调共同主义，具有强烈的群体意识和凝聚力量，重视追求长期利益。因此德国被称为"合作的经理资本主义"，日本公司的集体主义更是海外皆知。日本的集体主义以企业为中心，职工不仅从工作上，而且从精神上等其他方面也都要依存于该企业，这种集体主义的行为已经超出了一般营利性团体的范畴，可以说是建立在营利基础上的具有浓厚共同体色彩的团体。它可以把个人的利益与公司的利益紧紧地结合在一起，为了企业的发展而努力奋斗，直至退休。德日两国都是后起的资本主义国家，由于两国国内资源短缺，尤其日本是一个资源贫乏的岛国，生存与发展存在着巨大的压力。两国均是第二次世界大战的发动者，又是战败者，而且在战后经济又得到了迅速恢复，这些与两国的政治和经济的高度集中是密切相关的。

2. 法律与制度原因

德日的法律与制度对两国公司股权的构成，特别是对大股东的构成以及股权的集中程度有着决定性的影响。

（1）德日对金融机构的管制政策较为宽松。

德日两国的金融机构在持有企业股权方面具有更大的自由度，这是德日模式产生的关键因素。1987 年之前，日本的反垄断法规定，商业银行可持有一家企业股份的上限为 10%，1987 年以后，这一比例下降为 5%（但对超过 5% 范围的股票处理问题，设定了十年延缓期，这等于对银行没有限制），保险公司最多可持有一家公 10% 的股份，共同基金和养老基金在投资分散化方向不受任何限制。德国在银行持股方面更无限制，相反银行作为融资主体深受政府政策、国家法律的保护，例如银行对非金融企业的股权投资只要不超过银行总资产额的 15%，就再无其他任何份额限制。根据德国实行的全能银行原则，银行可以提供从商业银行业务到投资银行业务的广泛服务（包括信贷、信托、证券投资等），可以无限量地持有任何一家非金融企业的股份，德国银行的持股率平均为 9%。德国反托拉斯法也没有对其作出任何限制。

（2）德日对证券市场的限制过于严格。

德日两国传统上对非金融企业进行直接融资采取歧视性的法律监管。日本长期以来，债券市场只对少数国有企业和电子行业开放，而且债券发行委员会通过一套详细的会计准则对企业债券的发行设置了严格的限制条件，因此日本的证券市场较为落后，在德国，企业发行商业股票和长期债券必须事先得到联邦经济部的批准，而批准的条件是发行企业的负债水平在一定的限度下，发行申请必须得到某一银行的支持，企业发行股票要被征收 1% 的公司税。另外，企业在国外发行债券也受到严格的限制。如商业票据和国内债券等的发行直到 1989 年才获允许，外汇债券和欧洲债券的境外发行则分别在 1990 年与 1992 年才获批准。股票市场交易的高额征税也是在 1992 年之后才有所松动。由于德日对企业直接融资采取过于严格的监管，使得德日证券市场与英美证券市场相比，发展比较落后。

（3）德日在信息披露方面规定不太严格。

1989 年经合组织曾对各国跨国公司合并财务报表进行了一次调查，在经营结果披露方面，被调查的 53 家美国公司中，有 34 家公司完全符合经合组织规定的要求，被调查的 23 家日本公司只有 2 家公司完全符合要求，而 19 家德国公司中居然无一家完全符合要求。在内部转移定价的披露方面，完全符合要求的美国公司占 62%，日本公司只占 10%，德国公司仍然无一家。这一资料表明，德日在信息披露方面的规定不太严格，其结果造成外部投资者得到内部信息的机会减少，增加了信息成本，影响了投资积极性，对企业直接融资市场的行为起到阻碍作用。

3. 经济与资本市场的发育水平

第二次世界大战结束时，德日两国经济遭受重创，经济恢复时期企业资金非常短缺，加之当时两国公司的外部资本市场也不发达，以及政府对企业发行债券的严格限制，所以公司外部融资只能依赖银行贷款，这样就进一步为银行在股东监控公司活动中发挥主导作用提供了条件。德日两国之所以允许银行和法人相互持股，也与当时两国经济发展水平不高有关。如战后日本为了加入世界经济合作组织（OECD），不得不开放国内资本市场，实行资本自由化。为了防止国外公司对日本企业通过收购股票进行吞并，保护民族工业，日本开始推进"稳定股东进程"，大力发展法人相互持股，这一措施有效地发挥了抵挡国外公司通过收购吞并日本公司的作用。另外，德日企业集团的存在和发展是两国经济的重要支柱，而且是银行集团与企业集团相互关联，这是德日公司治理模式生成的原因之一。

（五） 对德日内部控制型公司治理模式的评价

1. 有利于公司的长远发展

首先，德日两国公司的核心股东银行是一个安定股东，他们进行的投资是长期投资。这不仅有效地制止了公司合并与收购事件的频繁发生，而且决定了公司经理以及整个公司行为都是一种长期行为。这是因为银行既是公司的持股者，又是主要贷款者，所以银行关心的主要不是股息，而是通过与企业的贷款交易以及与此有关的各种金融交易来获取长期收益，并保证投资的安全，因此银行不能不关注公司的经营状况，持有的公司股票很少交易出手，与公司的持股关系比较稳定。这对公司的长远发展是非常有利的。美国国家科学基金会的研究表明，德日公司在研究、厂房设备方面的开支都超过了美国。

其次，公司法人相互持股，不但没有造成垄断和侵犯股东利益，反而形成了相互控制、相互依赖的协调关系，形成促进公司长远稳定发展的强大推动力。一旦有联系的某企业发生困难，则由集团内主要银行出面，予以资金融通，别的成员企业也相应分担困难，如放宽支付条件、收购过剩产品、安排人员就业、派遣高级职员等，从某种程度上避免了企业倒闭，对于整个集团的稳定经营与长期发展起到了极其重要的作用。

最后，为职工积极参与公司治理提供了有效途径，追求稳定的就业及养老保障成为职工致力于企业持续长远发展的动因。

2. 能够获得更好的交易效率

首先，德日两国公司倾向于大量借款，意味着德日两国公司的债务成本低，公司的流动性困扰小，因而更容易解决公司长期投资所需要的资金以及短期所遇到的财务困难问题。其次，金融机构在一个企业中同时持有大量股权和债权，有利于减少债务融资引起的代理成本。因此，日本企业的平均负债率高于美国企业。另外，金融机构所拥有的信息和管理优势有利于提高企业资产的经营效率和获利能力。在日本，凡是金融机构持有较大比例股权的企业，其生产力和获利能力都比较高。在德国，大企业的获利能力与德国前三大银行在企业中拥有的投资权比例也存在正相关性。最后，相互持股的法人股权结构节约交易费用，提高了交易效率。法人相互持股的一个重要功能就是把分散竞争的企业凝聚在一个企业集团内部，在集团内部，法人股权所有者不在于以股权控制和支配企业的经营活动，而是力图维持企业间长期稳定的交易关系，扩大交易量，节约交易费用。根据日本公正交易委员会调查，日本企业集团内部的交易比例很高。即使是与集团外部大企业交易中，相互持股企业以及具有持股关系企业仍然具有优先交易的性质。具体而言，企业集团内企业与具有持股关系的独立系企业、系列企业、关系企业具有密切的交易关系。其交易额之大足以超过集团内部。例如，1989 年日本六大企业集团在最大的 30 家销售企业当中，同一集团内销售额所占比重为10.5％，国内关系公司（持股 10％以上非企业集团）销售额占 20.3％，海外关系企业销售额占 20.3％。由此可见，以相互持股的法人股权结构为基础的企业集团内部，关系企业交易比例高达 1/3 以上。这正如 1990 年日本经济白皮书所指出的那样，稳定交易，建立长期关系，可以避免一次次寻找对象，决定交易条件，由此节约了交易费用，提高了交易效率。

3. 法人的交叉持股影响了股票的流动性，不利于市场进行资源的配置

德日公司法人之间的相互持股通常预先约定不出让股权，具有一定的安定性，由于上市的股票数量很少，资本的流动性不太强，造成企业外部筹资困难，

使德日公司更多地依赖银行借债而不是依赖于证券市场。股票流动性差使股票市场无法通过市场的力量进行资源的配置，不能通过接管市场来彻底清除绩差公司内部的管理、监督机制上的积弊。另外法人相互持股也容易剥夺分散的个人股东的利益。当大股东作出损害小股东利益的决策时，小股东没有能力进行反抗，也无法通过发达的股票市场来维护自己的利益，小股东的利益缺乏保障。德日最近不断出现少数股权的股东为得到较高的投资回报而将经营者诉诸法律的事件。

4. 以银行间接融资为主的融资机制风险分散效应差，且容易形成泡沫经济

以银行间接融资为主的融资机制一方面造成过高的负债率，另一方面无法通过证券市场的分散化投资分散风险，风险分散化效应差。另外，过量的贷款容易形成泡沫经济，对国家经济发展不利。20 世纪 80 年代以来，日本中央银行以扩张性的货币政策支持经济增长，使证券市场和房地产市场出现了轮番上涨的震荡。与此同时，银行为了招揽生意，不但向公司进行大量的贷款，而且还为自己的关联公司寻求发行外债的途径，这样就助长了公司的过度扩张。所以主银行制被看作是日本"泡沫经济"形成的一个重要原因。90 年代以后，由于股票市场和房地产市场的一路下跌，导致日本"泡沫经济"的崩溃，使银行背上了大量不良贷款的包袱，甚至倒闭破产。随着近年来德日经济相继陷入衰退之中，企业中的利益冲突日益突出，通过持股来维系的商业伙伴关系也不如过去那样有效。作为公司主导者的银行，现在不得不拼命艰难地争夺公司的生意，股东与经营者的冲突也不断增多。

三、

东亚家族控制型公司治理模式

（一）东亚家族控制型公司治理模式概述

家族企业在东亚的韩国、新加坡、印度尼西亚、马来西亚、泰国、菲律宾等国家和我国的台湾、香港地区最为集中，从 20 世纪 70 年代开始，这些国家或地区大力发展出口产业，通过技术许可和环形出口等一系列特殊的政策措施，成功整合了国际国内资源，实现了经济的显著增长，在这些国家和地区中，作为推动经济增长主要力量的企业大多是通过家族治理发展起来的，都具有鲜明的家族性。在东亚地区，除日本家族控制企业所占比重较少之外，马来西亚操控了国内

70%左右的企业，中国台湾地区是 60%左右，韩国则是 50%左右。在菲律宾和印度尼西亚，最大家族控制了上市公司总市值的 1/6。^① 这些家族企业形成了特有的公司治理模式。

东亚家族控制型治理模式与德日机构主导型的模式有点类似，都是属于某种意义上的"内部控制模式"。所不同的是，家族治理模式中的"内部人"是家族成员，而德日模式中的内部人是企业联盟和银行等机构。这与英美公司治理的"外部市场控制模式"差别较大。家族治理模式的形成和发展历程与其所在国家的政治经济制度、资本市场发育水平、文化传统、监管政策和政府角色有着密切的关系。由于涉及东亚的众多国家，在此不再逐一阐述。

（二）东亚家族控制型公司治理模式的特征

家族企业广泛分布在东亚的很多国家和地区，包括韩国、新加坡、印度尼西亚、马来西亚、泰国、菲律宾等国家和我国的台湾、香港地区，企业所处的成长环境不可避免地存在一些差异，因此各国的家族治理模式既有共性，也存在一定的差异，其共同特征具体表现如下：

1. 企业的所有权和股权有家族控制

东亚各国的家族企业的所有权与经营权主要掌握在家族成员手中。一般而言，家族企业的所有权或股权由企业创办者及其子女、家庭其他成员控制或者共同控制。还有一些原来处于封闭状态的家族企业，迫于企业公开化或社会化的压力，把企业的部分股权转让给家族以外的个人或企业，或把企业进行改造公开上市，从而形成家族企业产权多元化的格局，但这些已经多元化的家族企业的所有权仍然主要由家族成员控制。

2. 企业决策家长化

家族企业的创办者对于企业的创办和发展起到了功不可没的作用，他们往往担任了家族的家长。在家族企业中，家长的集权管治非常明显，企业的重大决策如创办新企业、开拓新业务、人事任免、决定企业的接班人等都由家族中的家长一人作出，家族中其他成员作出的决策也须得到家长的首肯。即使这些家长已经隐退，不再参与企业的具体经营管理工作，仍然能够间接影响企业实际管理者的决策行为。但与前一辈的家族家长相比，第二代或第三代家族家长的绝对决策权

---

① 霍翠凤：《比较视野中的商业银行公司治理模式及其借鉴》，载于《金融论坛》2005 年第 4 期。

威已有所降低。

3. 经营者往往受到来自家族利益和亲情的双重激励和约束

对于第一代家族创业者而言，企业是他们一手打拼出来的，他们往往具备非常强烈的成功欲望，希望有所作为，企业发展壮大之后，他们就像对待自己的孩子一样珍惜自己的企业，并期望能够基业长青。而对于第二代、第三代经营者来说，他们继承父辈们留下的产业，本身也面临着一定的压力，促进企业的持续发展，维持亲密的家族关系，把家族的产业和名声发扬光大是对他们的经营行为进行激励和约束的主要机制。因此，与非家族企业经营者相比，家族企业经营过程中发生道德风险和机会主义的概率较低，家族股权与血缘关系纽带对他们起到了双重约束的作用。

4. 企业管理家庭化

受儒家文化的影响，韩国和东南亚的家族企业对员工管理体现出非常明显的家庭化倾向，主要表现在企业管理理念家庭化、员工管理方式家庭化、企业氛围家庭化等几个方面，因此，家族企业内部往往凝聚力高，氛围较为和谐融洽。

5. 来自银行和资本市场的外部监督较弱

资金短缺在家族企业发展的过程中，往往是一个较为突出的问题。家族企业建立之初，创业者本人或亲朋好友的积蓄，是资金的主要来源，剩下的则来自别的投资者或银行贷款。由于实力强大，大多数家族企业内部就开设有银行，银行只是其企业体系的一个组成部分，这样一来，与家族其他系列企业一样，内部银行只是实现家族利益的工具。许多没有涉足银行业的家族企业一般都采取由下属的系列企业之间相互担保的形式向银行融资，这种情况也使银行对家族企业的监督力度受到削弱。

6. 政府对企业的发展有较大的制约

东业的家族企业在发展过程中都受到了政府的制约。在东亚某些国家，家族企业一般存在于华人中间，而华人又是这些国家的少数民族（新加坡除外），华人经济与当地土著经济之间存在着较大的差距。因此，华人家族企业经常受到政府设置的种种障碍和限制。为了企业的发展，华人家族企业被迫采取与政府及政府的公营企业合作、与政府公营企业合资以及在企业中安置政府退休官员和政府官员亲属任职等形式，来搞好与政府的关系。而在韩国，政府对家族企业的制约主要表现在政府对企业发展的引导和支持上。凡家族企业的经营活动符合国家宏观经济政策和产业政策要求的，政府会在金融、财政、税收等方面给予各种优惠政策进行引导和扶持；反之，政府则会在金融、财政、税收等方面给予限制。因此，在韩国和东南亚，家族企业的发展都受到政府的制约。但在东南亚，政府对家族企业采取的主要措施是限制；在韩国，政府对家族企业采取的主要措施则是引导和扶持。

（三）东南亚家族控制型公司治理模式的形成原因

东亚家族企业的兴起与发展是特定政治经济环境下的产物，同时也与这些国家的法律制度建设、文化传统和资本市场发育水平密切相关。

首先，东亚国家曾经是西方国家的殖民地，殖民体系崩溃后，国家开始重建，这时的工业基础都比较薄弱，家族企业就是在这样的基础上起步的。

其次，受中国传统文化的影响，东亚各国的文化传统和价值观念差别不大。"家文化"普遍得到重视，血缘、亲缘、姻缘对于人与人之间关系的稳定作用非常突出，这些文化元素在家族企业的创办和成长过程中作用非常明显。实际上，这些国家的家族企业的维系纽带主要就是家族关系和企业关系。

最后，银行无法介入公司内部进行控制。随着各国金融事业的发展，银行被建立起来，但是，银行无论在审查企业与项目，还是在监控贷款上都没有能力，企业虽然能够从银行获得贷款，可银行却不能通过介入到公司内部控制的层面来维护贷款的回收，以至于银行不能真正参与到公司的治理体系中。此外，在这些国家中，证券市场都不发达，所以，公司治理主要通过家族成员来完成。

（四）对东南亚家族控制型公司治理模式的评价

在亚洲金融危机之前，东亚的家族企业曾为带动部分国家和地区的经济高速增长作出了不可磨灭的贡献，因此家族治理模式得到了一定程度的肯定，但是1997年亚洲金融危机之后，东南亚国家很多家族企业的负面报道陆续出现，其内部结构和运作过程也被曝光，家族治理模式开始引起人们的重视。学者们对于这一模式的有效性问题一直争议不断，客观来讲，东亚企业的家族治理模式在推动各国企业成长和带动经济发展方面发挥了重要作用，但同时也存在相当程度的负面影响。

家族企业治理模式的优点表现在：第一，在从小到大的发展过程初期，企业往往面临资金和经营管理人才的双重困境，家族成员集资进行投资和再投资使企业有了资金上的保证，同时家族成员共同参与经营管理有效缓解了企业建立之初的人才缺乏问题，另外，在降低决策时间成本，提高决策执行效率方面也具有先天的优势。第二，家族企业由于所有权和经营权没有分离，不存在委托代理关系，因此，代理费用极低，经营者一般不存在利己主义的倾向。而且，在家族企业从单一经营转向多元化经营的过程中，企业的交易费用很低。这是因为，在所有交易中，集团内部企业的关联交易往往占据了较大的比重，相关企业大都受到同一家族控制。

家族企业治理模式的缺点表现在：第一，任人唯亲。家族治理模式所具有的企业凝聚力强、稳定程度高和决策迅速等优点是以参与管理的家族成员具有相应的管理才能为条件的。如果不具备这些条件，家族企业的上述优势不仅发挥不出来，还会给企业带来经营上的失败，甚至导致企业破产倒闭。第二，所有权控制过于集中，主要集中在家族成员手中，企业决策家长化特征明显，这样的后果即是中小股东的利益极易受到侵害，并将不得不承受无法忍受的风险。第三，债权人和外部股东都很难起到监督作用。另外，这些国家的资本市场极不发达，信用体系尚未建立，因此，资本市场流动性低、交易不活跃、缺乏透明度、披露也不够充分，所以无论是债权人还是外部股东都难以对家族企业起到有效的监督作用。第四，政府干预过于强大。东亚国家的家族企业都受到过政府的强力干预，韩国尤为明显，政府在企业融资、资本市场监管、银行管理等过程中扮演了重要角色，虽然在某种程度上帮助家族企业一直保持着稳定的所有权结构，却不利于企业的自主经营。第五，家族的继承风险较大。因为企业决策家族化的特点，家族企业的领导权一般都由家族的第二代、第三代人接任。在权力交接的过程中，极易在家族成员间引起纷争，也面临着企业分裂、解散和破产的风险。

四、

三种典型公司治理模式的比较分析

总的来说，由于经济、文化、社会等方面的差异以及历史传统和经济发展水平的不同，世界上很难存在唯一的公司治理模式。英美外部市场主导型、德日内部控制主导型和东南亚家族控制型公司治理模式是基于各自不同的历史文化背景和社会经济基础产生的，在公司治理制度方面有其各自的特点。下面从公司治理的目标导向、资本结构、主要公司治理机制、内部治理结构、对经理人的激励机制、公司治理文化等方面对这三种模式进行比较分析。

（一）公司治理的目标导向方面

长期以来，英美两国的立法精神就是私人产权至上，认为股东是企业的所有者，企业的财产是由股东投入的资本形成的，企业经营的目标应该是实现股东利益的最大化。在这种理念下，英美两国的公司治理也是以股东价值最大化为目标，尊重股东的利益，是单一"股东至上主义"的目标导向。而德国和日本公司治理的目标则是多边的"利益相关者利益最大化"，认为应着眼于公司的长期利益，承担社会责任和义务，公司经营不仅要满足所有者，同时也应考虑其他的利益相关者。德国和日本的主要利益相关者有：第一是大股东，德国和日本的公司一般都有一个或几个大股东。这也是德国公司治理结构显著特征之一。这些大股东或者是其他公司，或者是富有家族，或者是银行和保险公司。第二是银行，银行在德日公司的治理中占据非常重要的位置。银行不但是公司的债权人，而且持有一定数量的股权，和企业保持着稳定的紧密联系，在德日公司治理中扮演着重要的角色。第三是职工，德日两国都比较重视职工对企业的贡献，一般情况下职工的流动性也不大，所以德日的公司都很注意保护员工的权益。例如，在德国的公司治理结构中，公司职工通过选举职工代表参与监事会和职工委员会，来实现公司管理的共同决策权。东南亚家族模式公司治理的目标则是"家族利益的最大化"。

英美单一的"股东至上主义"公司治理目标的导向具有行为是非标准明确、对经理人业绩相对易于评价和衡量，不存在多方的利益协调，交易成本低、治理效率高的特点。但是，这种治理目标导向，在一定程度上不利于企业长期发展。而德日的"利益相关者"利益导向注重综合考虑各方的利益，更有利于企业的长期发展。但"利益相关者"多变目标导向可能会使企业决策变成一个无休止地讨价还价的过程，导致交易成本的上升。另外，对经理人的业绩也越难衡量，会引发道德风险问题。

（二）资本结构方面

英美两国证券市场比较发达，企业主要通过资本市场采用直接融资方式特别是股权方式筹措资金，相对而言，英美两国公司的资产负债率较低。而在德国和日本公司的融资结构中，银行等金融机构的借款是其主要的融资方式，所以相对而言，德国和日本两国公司的资产负债率较高。

再看股权结构，英美两国的股权相对分散，股票集中在机构投资者和个人投资者手中，因而股票的流动性极强，这使得公司接管和兼并频繁发生。传统的英美公司治理观念还是把公司看做私人合同的产物，法律制度只不过是提供这些合同、谈判的机制，公司经营的目标就是股东价值的最大化。而德国和日本两国的股权相对集中，股票主要由法人股东和银行持有，公司交叉持股现象普遍。公司经营和治理方式都体现出公共责任和公共利益意识。银行在公司治理中发挥着重要作用，往往既是公司债权人又是股东。德国和日本公司治理模式中股权流动性较弱，因而公司接管和兼并不如英美公司频繁。在东南亚家族治理模式下，股权高度集中，主要掌握在家族成员手中，因而股权流动性较弱。

（三）主要治理机制方面

英美模式主要通过外部市场来实现公司的治理，通过包括敌意接管和杠杆收购、资本市场的信号（用脚投票）、代理权竞争、基于绩效的激励合同以及对少数股东权益的保护等公司治理机制实现公司治理。而日德模式则主要通过内部直接控制——包括对董事会的控制、公司主要管理人员的任命和更换以及大股东（金融机构、非金融机构或个人）来实现公司的治理。这也导致英美模式下敌意收购和接管比较频繁，而德日模式下则较少发生敌意收购和接管，东南亚家族模式下一般会由于家族内部矛盾激化导致公司自动瓦解。

英美模式主要依靠外部市场的治理模式，决定对公司经营的评价目标主要依据企业的利润或资本市场股票的价格，因为股东利益的体现一方面是从企业股息和红利的分配中获得收益；另一方面是指股东在证券市场上从公司股票增值中获得资本增值收益。德日模式对公司的评价目标是公司的长期、稳定发展，通过法人持股集体化来达到这一目的。家族模式下股东对公司的评价着重于公司的稳定性方面，因为家族式经营应对风险和不确定性的能力相对较低。

（四）内部公司治理结构方面

英美模式属于"一元制"，实行的是单层董事会结构，即在股东大会下不设专门起监督作用的监事会，只设立董事会，董事会具有决策和监督的双重职能。董事会由股东大会选出，在法律上被赋予极大的权利，公司管理层的权利，除了公司章程有规定的外，全部源自董事会。美国的董事会中还引入了独立董事制度，独立董事在董事会中占多数。但由于独立董事真正难以做到独立，股权结构的分散使得内部董事很大程度上是经理人的代理人，董事会无法真正起到监督的作用。

德日采用的"双层制"董事会结构，除了设置股东大会、董事会和经理层外，还设置了监事会。日本董事会成员几乎都是由"内聘董事"构成的，这些负有监督职责的董事，除了担任董事职务外，也是总经理的部下。日本公司的监事会成员分为内部监事和外部监事，内部监事通常也是公司内部未升到董事位置的职工或者是任期已满的董事，而外部监事则是来自同一集团或有关系的企业。所以，日本的股东大会、董事会、监事会的职能并没有被充分发挥。日本的经营者受到的约束和监督主要是企业集团内部相互持股的持股公司和主银行。德国的公司是在股东大会下面设置监事会，监事会的成员一部分是由股东选出来的代表，一部分是员工代表。监事会下面设置董事会，作为日常管理机构，接受监事会的领导和监督。

而在家族模式下董事会被虚化，起不到监督和决策作用，家族长老在董事会中一统天下。

（五）经理人的激励机制方面

在对经理人的激励机制方向，英美模式主要是通过经济激励手段来实现对经理人的激励作用，例如以工作表现为基础的工资、以财务数据为基础的资金、以股价为基础的股票期权和以服务年限为基础的退休计划等。日德模式很大程度上为精神激励，常以荣誉、待遇等激励如职务晋升、荣誉称号来激励经理人员为公司的长远发展而努力工作。东南亚家族模式下主要是通过家族利益和亲情双重激励。

（六）公司治理文化方面

英美国家崇尚个人主义和自由主义的价值观念，他们标榜"自由企业制度"企业制度，政府和其他社会组织很少对企业经营进行干涉。所以在公司治理中更注重资本市场、经理人市场和要素产品市场的作用。

而德日两国更强调共同主义，具有强烈的群体观念和凝聚力，故企业集团、行业组织、大金融机构和政府在经济体系中具有更为重要的作用，职工群体的稳定性和对企业的忠诚度很高，日本企业员工的终身雇佣制，年功序列和德国企业的职工共同参与制，都建立在这样的社会文化基础上。

东南亚的家族企业把儒家的"和谐"和"泛爱众"的思想用于家庭成员的

团结上，而且还应用推广于对员工的管理上，在企业中创造和培育一种家庭式的氛围，使员工产生一种归属感和成就感，促成了一种团结的企业文化和价值观。

各种模式的对比分析，如表2－1所示。

表2－1　　　　　　　　　　　典型公司治理模式比较

分析项目	英美外部市场型	德日内部控制型	东南亚家族控制型
目标导向	股东利益	相关者利益	家族利益
资本结构	资产负债率低	资产负债率高	各国情况不同
股权结构	相对分散	相对集中，法人之间交叉持股	相对集中
持股主体	个人投资者、机构投资者	法人、银行	家族成员
主要治理机制	并购接管、"用脚"投票、经理人市场等外部治理机制	稳定大股东和银行的控制	家族控制
内部治理结构	一元制，单层董事会制度	二元制，双层董事会制度	董事会虚化
对经理人的激励	权益型激励手段为主	精神激励、晋升	家族利益和亲情双重激励
控制权市场	比较活跃，敌意并购频繁	很少发生管理层人事变动、敌意接管现象	稳定，自主瓦解或主动接管
主要利益冲突	股东和管理层	相关利益者和管理层、小股东和大股东	创业家族成员

本 章 小 结

在不同的历史文化背景和社会经济基础上，产生了不同的公司治理模式。其中以英美外部市场型、德日内部控制型、东南亚家族控制型三种模式最为典型。这三种治理模式各有其优缺点，在一定的客观条件下都有存在的必然性。英美等国拥有成熟的证券市场，股权分散且流动性强，公司治理主要是通过敌意接管和杠杆收购、资本市场的信号（用脚投票）、代理权竞争、基于绩效的激励合同等外部市场机制实现的。这样的公司治理机制有利于扩大企业的融资渠道和减少所有者的投资风险，有利于根据市场优化配置资源，但由于股权分散，股东"搭便车"和"用脚投票"的现象较普遍，经理人常常将公司目标集中于公司的短期效益和股票价格的提升上，经理人权力过大且缺乏有效监督。而德国和日本则主要通过法人相互持股以及主银行制度，通过法人股东和主银行的内部控制实施公司治理。这种机制有利于公司的长期利益和稳定发展，也有利于保护各利益相关者的利益。但是，中小股东的权益无法得到有效保护，多变目标导向的公司治理导致交易成本的上升，治理效率降低。东南亚国家企业的家族主导型模式凝聚力强、稳定性高、企业决策迅速，适合新兴市场中的成长型企业。但家族企业的任人唯亲会带来经营风险，同时企业领导权再传递给第二代、第三代后可能导致企业分裂、解散或破产。另外，企业的社会化、透明度低也会制约企业的发展。所以，各种治理模式的优劣不能一概而论，它必须与一国的国情和公司所处的各种外部环境相适应。

第三章

全球公司治理模式的
趋同与发展

一、
公司治理全球改革与趋同的原因与背景

20 世纪 80 年代初，英国爆发了 BCCI、Guinness、Polly Peck 和 Maxwell Communications Group 等一连串知名公司财务舞弊案，引发了英国的理论和实务界对公司治理问题的高度关注和激烈讨论。为了稳定社会经济，保障投资者权益，英国财务报告委员会和伦敦证券交易所（LSE）等机构于 1991 年 5 月合作成立了公司治理财务层面委员会（the Committee on the Financial aspects of Corporate Governance），并先后发布了卡德伯利报告（Cadbury Report，1992）、格林伯瑞报告（Greenbury Report，1995）、汉姆伯尔报告（Hampel Report，1998）等文告，从而奠定了英国公司治理运动的基础，也揭开 20 世纪 90 年代全球公司治理运动的先河。2001 年，美国的能源巨头安然（Enron）公司、第二大电信公司世通（World Com）公司也先后出现巨额财务舞弊事件，导致人们对美国公司治理的模式的反思。以此为开端，全球范围内出现了公司治理改革的运动。而改革的结果，就是导致公司治理模式出现了一定程度上的趋同。

全球范围的公司治理改革的背景和原因是多方面的，但经济全球化是最主要的因素。具体来说，公司治理全球改革的背景和原因包括以下几点。

（一）经济全球化促进了公司治理基础的一体化

20 世纪 90 年代以后，世界经济全球化的趋势明显加快，国际贸易、国际投融资日益增多，国际资本流动加强，跨国兼并高涨，与此同时，企业间的竞争也扩展到国际市场上。全球化对包括各国经济、政治、法律制度都产生了深远的影响。经济全球化，尤其是资本流动的全球化，对不同国家的公司和经济制度产生了巨大的影响，促进了公司治理基础的一体化，是促使全球公司治理改革的重要因素，并对公司治理的国际趋同起到了推波助澜的作用。正如世界银行在《公司治理：实施框架》中指出的，由于市场结构、法律制废、传统、规章制度、文化和社会价值等的差异，世界上没有单一的公司治理模式。但是，全球化将会导致公司治理某种程度上的趋同。不同国家和公司会在产品和劳务的价格和质量上展开竞争，从而导致成本结构和公司组织结构的趋同，进而导致公司行为和决策的趋同；他们还会在全球资本市场上竞争财务资源，并在公司治理制度上展开日益激烈的竞争。全球市场的压力为私营公司协调其公司治理实务从而减少投资者风险、降低公司资本成本提供了动力（Iskander & Chamlou，2000）。全球经济一体化是公司治理问题的关键因素。全球化通过两种方式来影响公司治理改革：首先，全球化提高了对特定公司治理制度是否具有比较经济优势的担心，由于消除了经济壁垒，使得采用全球化的标准来衡量公司业绩变得更容易，对经济业绩的比较将促使人们关注于公司治理。其次，全球化通过资本市场对公司治理的压力来发挥作用。资本市场的国际化将使得投资从公司治理较差的公司流出，并对国家产生不利影响。具体而言，全球化对公司治理改造运动及趋同的影响体现在：

1. 全球化的经济竞争的影响

随着全球化的发展，产品市场的竞争拓展到国际层面上。全球产品竞争能够降低或消除一个治理结构体制中最无效率的特征（Roe，1996）。因为，世界范围内日益增多的产业领域的竞争将使得现存的公司治理结构可能存在的无效率暴露无遗，从而促进公司治理的趋同（Moerland，1995）。因此，产品市场竞争的全球化，将促使公司治理向更有效率的方向趋同。

公司治理将会影响企业的效率，并体现为在产品市场上的竞争地位。从长远的观点来看，那些拥有较差治理制度的公司必将被市场所淘汰（Roe，1996）。因此，企业个体为了提高竞争力需要对公司治理进行改革。不同市场环境下，企业竞争的强度不同，完善公司治理的动力也不同。在竞争压力较小的垄断企业中，改善公司治理的动力很小，而随着竞争的加剧，为了获取更高的生产效率，就必须改善公司治理（Hirst & Thompson，2004）。全球化使得产品市场的竞争更加激烈化，因而改善公司治理的动力也就越强。市场全球化已经迎来一个时代，在这个时代中，公司治理的质量已经成为公司生存的关键因素。公司治理实务与国际标准相协调也成为公司成功的重要因素。良好的公司治理实务因而成为任何公司在全球化市场中实现有效管理的前提。

公司治理竞争不仅会影响企业竞争力，而且会对整个国家竞争力产生影响。戴克（Dyck，2000）发现，平均而言，投资者保护指数较高的国家，其资本收益率越高。20 世纪 90 年代后期，美国经济高速成长，超过了日本和欧洲，尽管影响经济发展的原因是多方面的，但公司治理的不完善被认为是造成欧洲和日本经济在与美国的竞争中处于下风的重要原因。① 如可克（Koke，2002）在《德国公司治理》一书中认为，1970～1995 年，德国劳动生产率增长比美国低 20%，除了德国产品市场缺乏竞争外，重要的原因是治理机制较弱。

2. 国际直接投资增加的影响

随着经济全球化的发展，资本国际流动性显著增强，跨国投资日益增多。国际直接投资（FDI）资金国际流动的日益频繁，在资金供给方面，美国和英国金融机构在全世界范围内寻找投资机会；在需求方面，日趋紧张的国际竞争和不断更新的信息技术导致对资金的需求增加。这种格局导致国际投资者为了方便地进入或退出外国市场从而降低风险提高投资收益，需要和被投资的国家进行金融管制和实务方面的协调，国际投资者需要被投资国家遵循股东价值理念，为其提供高额的回报来弥补投资风险。

当外国投资者参加到公司以后，势必会要求公司治理方面的国际协调。因为公司治理决定其是否可以获得高质量的信息从而做出决策、保护其利益（Rosser，2003）。并且，由于外国投资者在上市公司中的地位越来越重要，因而可以对上市公司的治理问题发挥重要作用。一家在全球范围内进行董事和经理猎头业务的公司——Russell Reynolds Associates 于 1999 年 5 月发表的《1999 年机构投资者国际调查》显示，71% 的美国投资者和 68% 的英国投资者表示希望有全球公司治理标准（1998 年的比例分别为 67% 和 63%），87% 的德国投资者和 64% 的日本投资者有此同感。

从国际资本的流向来看，作为主要的资本输出国之一，美国的资本大量流入欧洲及亚洲国家，在此背景下，尤其是来自美国等发达国家的投资者，会以英美模式公司治理的优越性为由要求受资国和被投资公司改善公司治理，包括提高公司信息披露的透明度、加强公司内部监控等，从而导致这些国家和地区公司治理向美国模式趋近。如美国著名的机构投资者加州公职人员退休基金会（CalPERS）在 1996 年发布了《全球公司治理原则》，该原则被作为全球市场吸引 CalPERS 投资的最低标准。CalPERS 还直接对有关国家施加压力，要求其改善公司治理，如该基金 1998 年就建议日本实行独立董事制度（该基金对日本公司的投资超过了 40 亿日元）。正如斯坦梅茨和赛斯特（Steinmetz and Sesit，1999）指出，美国全球投资的最重要后果就是迫使欧洲公司改变其经营方式并采用美国公

---

① 何家成著：《公司治理结构、机制与效率——治理案例的国际比较》，经济科学出版社 2004 年版。

司的价值观。①

3. 股权投资与外国投资者的兴起的影响

资本国际流动的另外一条途径是股权投资的全球化和外国投资者的逐步兴起。其中主要的推动力量包括：首先，以美国和英国为主的金融机构，特别是组合投资基金规模日渐扩大，单一市场已经无法满足其投资需要，因而需要在全世界范围内寻找投资机会；其次，不同国家证券市场表现出现较大差异，包括中国、印度、巴西乃至越南等在内的国家证券市场发展迅猛，表现普遍超出传统发达国家，能为投资者提供更高的回报率，因而引起了机构投资者的广泛关注；最后，资本市场逐渐放松管制，即便在货币无法实现自由兑换、资本市场未完全开放的国家或地区，也通过设立 QFII 或 QDII 等方式允许外资进入本国市场或本国资金投资于外国市场。

在资金流向上，股权投资并非单一地从发达国家流向发展中国家，也大量发生在发达国家之间以及从发展中国家流向发达国家，因而导致发达国家证券市场上大量股份为外国投资者所持有。根据 FESE（Federation of European Securities Exchanges）的统计资料，在 2007 年，欧洲证券市场上，外国投资者持股比例达到了 37%，超过了其他所有单个投资者类型持有股份的比例。其中，以英国为例，1963 年海外投资者持有其上市公司股份的比例仅为 7%，在 1993 年上升到了 16.3%，而到 2006 年，该比例则进一步攀升到了 40%。这种改变对上市公司治理模式的趋同有直接影响。首先，股权投资的首要条件是投资目的地开放资本市场或开辟特定的投资渠道，需要当地法律明确允许和保护资金进出的畅通和安全；其次，股权投资的增加客观上需要对股东权利的重视和保护，由于以组合投资基金为代表的机构投资者其投资金额大、选股严格，其出具的研究报告或评级报告客观上对上市公司有一定的约束作用，可以作为市场研究和评判上市公司的标准，进而间接促使上市公司注重对投资者利益的保护；最后，当外国机构投资者持有上市公司股份达到一定程度时，必定有派出代言人的直接需要。这三个方面综合作用的结果造成了对股东权利的普遍重视和公司治理在一定程度上的趋同。

4. 资本市场发展与境外上市

经济全球化的另一个重要影响是世界各国或地区资本市场的联系更加紧密，

---

① Steinmetz, G. and M. R. Sesit. Rising US Investment in European Equities Galvnim Old World [J]. Wall Street Journal, 1999, 7 (4).

其他国家公司到主要证券交易所（特别是纽约和伦敦）上市逐步成为影响治理模式形成和改变的一个主要因素。自 20 世纪末以来，追求境外上市的公司日渐增多。根据纽约证券交易所的统计，从 1990 年以来，在 NYSE 注册上市的国际公司迅速增长。1992 ~ 1998 年，外国上市公司增长了 3 倍，达到了 361 家；截止到 2005 年年底，453 家外国公司在 NYSE 上市，其中包括 195 家欧洲公司、62 家英国公司、29 家荷兰，17 家德国公司。同样，自 1993 年以来，境外上市引起了我国企业的高度关注，成功实行境外上市公司的数量也不断增加。根据中国证券监督管理委员会的统计数据，截止到 2008 年年底中国共计有 232 家企业实现境外上市，融资总金额达到了 1 122.46 亿美元。其中，2005 年和 2006 年实现了井喷式增长，境外上市公司数为 24 家和 34 家，融资金额则分别达到了 206 亿和 393.48 亿美元。[①] 在上市目的地上，除中国香港地区外，美国、英国和新加坡等国的证券交易所也成为我国企业选择上市的主要场所。

境外上市的这种发展趋势对于公司治理的国际趋同有深刻影响。首先，境外上市的一个基本条件是必须遵守上市地公司治理和证券交易的基本规则，追求境外上市意味着公司需要按照上市地证券交易所的上市条件改造自身治理结构，主动与上市地的法律规则捆绑在一起，受这些规则的约束；其次，通常来说，境外上市的企业通常会选择比本国流动性更强、公司治理水平更高和投资者利益保护更为周全的国家或地区的证券市场上市，公司欲获得上市地投资者的信任从而达到顺利筹资的目的，必须进行充分的信息披露和保护投资者权益；最后，为维持公司的市场形象、提高公司质量，境外上市的公司必须更加重视对外国投资者利益的保护。这些客观上推动了以股东价值为核心公司治理制度的扩散和公司治理模式的国际趋同。

5. 对资本的全球化竞争

随着资本流动的国际化，由于资本的稀缺性，各国也对外国资本展开了竞争。而不同的公司治理会对投资者的投资意愿产生重大影响。为了吸引外国投资者的资金，那些公司治理不够完善的公司就会借鉴其他国家或地区公司治理方面的成熟做法，以完善治理结构、提高投资者保护程度，从而提高投资者的信心。因此，对资本，尤其是对国际资本的竞争，是公司治理趋同的重要动力来源（内斯特、汤普森，2004）。

1999 ~ 2000 年，麦肯锡公司（McKinsey）对主要来自欧美、管理着 32 500 亿美元资金的一批机构投资者进行了三次调查，这些投资者的投资对象包括亚

洲、欧洲和拉美的公司。结果显示，在公司治理总体状况较差的经济体，投资者愿意为一个公司治理比较健全的公司支付较高的溢价。如在印度尼西亚，投资者愿意为公司治理健全的公司支付 27% 的溢价。换言之，对于股票、盈利和财务状况相同，但治理结构好的公司，投资者愿意以高出 27% 的价格购买其股票。2002 年 4 ~ 5 月，麦肯锡公司再次采用问卷的方式，就公司治理和财务信息问题向投资者展开了调查。共有 201 位职业投资者作了回答，这些投资者所在的机构管理着大约 9 万亿美元的资产（其中他们直接控制资产约 2 万亿美元），覆盖亚洲、欧洲、拉美、中东、非洲和北美的 31 个国家。投资者们指出，在评价投资决策时，他们将公司治理放在与财务指标同等重要的位置上；绝大多数投资者愿意为具有较高治理标准的公司支付投资溢价。在北美和西欧，平均溢价率为12.14%，亚洲和拉美为 20.25%，东欧和非洲则超过 30%。超过 60% 的投资者指出，对公司治理的考虑将促使他们避免在公司治理不佳的公司中投资，1/3 的投资者将避免在公司治理不佳的国家投资。由此可以看出，良好的公司治理更能吸引外国投资者，投资者会对公司治理较好的公司支付溢价，这一点对于发展中国家尤为重要。

因此，就公司层面而言，为了筹集资本并降低筹资成本，公司有建立完善的公司治理的动机，公司间对资本的竞争会促使其公司治理自发地向好的方向发展。就国家（地区）层面而言，尽管在法律框架上存在差异，但为了能够在全球权益市场竞争取得资本，就必须采用国际认可的公司治理原则，从而促使其公司治理向"标准模式"趋同（Drobetz, Schillhofer and Zimmermann, 2003）。

6. 国际并购活动的影响

经济全球化的一个重要体现是国际产品市场的一体化和竞争的进一步加剧。为了占领更大的市场份额，跨国公司纷纷采用并购的方式进行重新组合和战略调整。1993 年全球兼并交易额达 2 269 亿美元，1994 年达 3 410 亿美元，1996 年为11 400 亿美元，而 1998 年以后更是发生多起巨额跨国并购业务（马连福，2000）。1999 年，跨国并购的交易额达到 3.4 万亿美元。仅在 2000 年，交易额在百亿美元以上的购并案就有：美国在线与时代华纳购并案，德国电信与美国声流无限通讯公司、法国电信与英国奥兰治公司购并案等。面对日益增多的跨国并购业务，公司股东和其他利益相关者基于保护其自身利益的要求，要求健全公司治理的呼声越来越高。跨国并购在并购目的上，也逐步由消灭竞争对手转向谋求双赢。这种转变促使许多国家对跨国并购持积极态度，放松对外资并购的管制。跨国并购活动逐渐弱化了各国公司治理的差别，推动了全球公司治理模式的趋同化，而这种发展趋势反过来也便利了跨国并购活动的开展。日益增多的国际并购业务也推动了公司治理标准的国际趋同化，一方面，为了提高并购效率，降低并购成本，需要对包括出席股东会的有效股权的标准、合并程序等制度加以改革，这不可避免导致各国在制度创设方面会发生趋同。另一方面，并购完成后，主并方将会对标的公司的治理结构进行调整，从而改变标的公司原先的治理生态，并进而对其所在国的公司治理产生影响。

7. 建立经济一体化的要求

20 世纪后半叶以来，欧洲、东亚等多个地区均致力于建立经济一体化。而扫除原先各国公司法上的差异所造成的障碍，实现公司治理的协调乃至趋同，是实现经济一体化，尤其是建立统一的资本市场的重要前提。正如《欧盟第 5 号公司法指令草案》（修改稿）的起草者指出，对执行人员的经营管理职能和非执行人员的监督职能进行严格区别，有助于推动来自不同成员国的股东或者股东集团设立公司，并进而推动欧共体范围内公司之间的相互融合。

欧洲委员会于 1999 年 5 月提出了《金融服务行动计划》（Financial Services Action Plan，FSAP）。根据这项计划，欧盟 15 国将在 2005 年或者之后一段时间里建立欧盟统一的金融市场，目前，欧盟统一金融市场初步确立。为此，欧洲委员会在 2003 年 5 月通过了《公司法律现代化，改善欧盟的公司治理的行动计划》，要求成员国进行公司治理改革，从而推动了欧盟内部公司治理的改革和趋同。

8. 各国法律法规体系的融合

经济全球化促进了法律体系的融合，尤其是公司发和证券法，许多国家开始认识到在确保股东利益的同时，兼顾利益相关者利益的重要性。德国法规已经强化了股东对公司决策过程的控制能力。同时提高了财务报表的透明度，特别是有关合并方面的信息。日本在 2004 年 4 月通过了新的公司法，其中出现了两种可以选择的模式，表明日本的公司治理模式正在朝着多样化的方向发展。在法国，1997 年关于公司法改革的《Marini 报告》认识到法国公司法"契约化"的需要，并给予公司在财务结构方面更多的自由。美国证券交易委员会已开始逐渐允许机构投资者与公司管理层之间进行积极的接触和沟通。经济全球化的深入发展，将促进各国之间法律法规观念的融合。

此外，全球化还体现在文化观念的融合上，文化与意识形态的渗透与发展，也是导致公司治理趋同的重要原因。例如，目前许多咨询公司都是起家于美国，因而他们在向公司提供管理咨询时，不可避免地从股东价值最大化的角度来考虑问题。另外，目前公司管理层所接受的教育，尤其是 MBA 教育，很大程度上受到英美文化观念的影响，因此，美国企业管理中的一些方法被看成是现代管理方法。很多美国的管理理念，包括股东价值观念，已经为德国公司的管理人员所接受。

（二）金融自由化的影响

20 世纪 70 年代中期以来，金融自由化浪潮席卷全球，包括美国在内的许多国家纷纷放松了对金融市场的管制。金融自由化使得资本流动更加自由化，不同金融机构之间业务得以相互渗透，对金融机构设立和管理的限制也得以放松，并促进了金融活动的全球化。

在放松管制之后，将会导致管理激励与监督机制的变革。放松管制提高了管理职能的重要性，提高了观察管理业绩的成本，并且使企业经营环境变得更加不稳定。经营环境的不稳定性使得区分管理决策与其他因素对公司绩效的影响变得更为困难。因此，放松管制一方面提高了管理决策的重要性，另一方面又使得管理者的业绩更加难以观察，从而改变了代理问题的性质和严重程度。为了解决新的代理问题，必须要改革公司治理结构，包括所有权结构、经理报酬、董事会的组成和规模（Kole and Lehn, 1997）。因此，全球范围内（包括美国、欧洲、日本这样的发达资本主义经济，也包括许多发展中国家）的金融自由化使得公司治理改革成为必然，并进而推动了公司治理的改革和趋同。

（三）机构投资者的兴起

随着全球金融市场的发展，诸如保险公司、养老基金和投资公司之类的机构投资者在各国公司治理中显示出越来越强大的作用。20 世纪末，无论是英、美，还是大陆法系国家，机构投资者都得到了较为迅速的发展。德国公司中，外国机构投资者持有的股份从 1990 年的 4% 提高到 1998 年的 13%；美国机构投资者的挣股数从 1950 年的 10% 上升到 1994 年的 50% 以上（Friedman, 1996）；在日本，机构投资者持有 45% 的股票（Kanda, 1997）；在英国，机构投资者持股比例从 1963 年的 29% 上升到 1994 年的 60%（Davies, 1997）。

日益兴起的机构投资者对公司治理的意义在于：

第一，机构投资者会促使企业关注股东的利益，降低代理成本。由于机构投资者持有较多的股份，因而愿意花费成本来对管理当局进行监督，成为积极的投资者，有利于避免小股东的"搭便车"行为（Jcnscn, 1993）。机构投资者手中控制了大量的资金，他们在公司治理中会对公司施加压力，要求管理层按股东的期望来管理公司。一些机构投资者已成为积极的投资活动家，向绩效较差的公司施加压力，要求其完善公司治理、撤换不称职的 CEO。例如，1998 年，日本一家由信托银行管理的养老基金决定在若干公司的股东大会上行使其对公司管理层建议的否决权。日本退休基金协会曾对 1 264 家公司的 7 000 多个提案使用其投票权包括对 635 家寻求重选董事的公司提出否决权，以及对 689 家提出高级干部退休金给付提案的公司提出否决权。

第二，机构投资者对公司治理全球化运动起到了推波助澜的作用。一方面，由于机构投资者所掌握的资金在国际市场上居于主导地位，在资本流动高度全球化的背景下，机构投资者所认可的公司治理规范将成为市场认可的规则（张春霖，2002）。另一方面，机构投资者还直接推动公司治理的趋同进程。例如，加州公务员退休基金（CalPERS）发起建立了民间性质的国际公司治理网络，每年举行一次年会并开辟专门的网站，系统地推出国内和国际公司治理原则，在世界范围内从投资者的角度出发推进公司治理改革。2002 年年初，CalPERS 宣布出售其在菲律宾、泰国、印度尼西亚和马来西亚的全部资产，认为这些国家在政治稳定、劳工标准和透明度等方面不符合它的标准。CalPERS 的上述行为，虽然短期内给上述国家造成不利影响，但在客观上也促使这些国家改善公司治理。尤其值得指出的是，机构投资者的兴起使得采用内部控制模式的公司也开始更多地关注于股东权益，因而有利于促进内部控制模式向外部控制模式的趋近。目前，机构投资者的积极作用，已经对德国、日本的公司治理理念产生了显著影响。

（四）国际有关机构的推动

国际机构的迅猛发展是对公司治理趋同产生重要影响的另一个不可忽视的因素。其中最典型的主要有经济合作与发展组织（OECD）、国际货币基金组织（IMF）、世界银行（WB）、国际证监会组织（IOSCO）、国际会计准则理事会（IASB）等。这些机构的存在和发展为各国展开公司治理研究和合作提供了良好的平台，它们发布的成果往往会成为各国展开公司治理改革的标杆和主要依据。

1. 世界经济合作与发展组织（OECD）

为了改善其成员国的公司治理结构，OECD 于 1998 年 4 月成立了公司治理原则专门委员会。1999 年 5 月，OECD 正式发表了《公司治理原则》（OECD Principles of Corporate Governance），该原则的发布极大地促进了该组织成员国以及非 OECD 国家公司治理的变革（OECD，2004）。为了在全球推行上述治理原则，OECD 每年在亚洲、拉丁美洲、俄罗斯召开公司治理圆桌会议，就公司治理原则在各国和地区的应用等问题展开对话。1999 年，OECD 与世界银行合作建立了

"全球公司治理论坛"（Global Corporate Governance Forum），以推进发展中国家的公司治理改革。此外，OECD 还与世界银行合作主办定期性的亚洲公司治理圆桌会议、拉丁美洲公司治理圆桌会议、俄罗斯公司治理圆桌会议，其目的是在公司治理方面加强全球和地区性的对话和信息沟通，分享经验、达成共识、加强协调、一致行动。

在发生安然、世通等财务丑闻后，2002 年 OECD 部长会议授权成立"公司治理指导小组"（OECD Steering Group on Corporate Governance）对 1999 年的公司治理原则进行检讨，并考虑各会员国公司治理所面对的各种挑战，除会员国外，还邀请国际货币基金、世界银行、金融稳定论坛、巴塞尔银行监管委员会、国际证券管理机构组织，以及非会员国的民间组织、劳工和一般公民代表共同参与和提供建议。2004 年，OECD 公布了修订的《公司治理原则》。OECD 还积极与各国合作，推进各国与公司治理国际通行规则之间的对话与交流，例如，2009 年 OECD 就和中国证监会合作启动了"OECD—中国：公司治理评估项目"，旨在通过对中国公司治理与 OECD 的《公司治理原则》遵循情况的研究，推动中国公司治理的改革。

OECD 的公司治理原则在对公司治理全球化运动及公司治理改革与趋同中起到了积极的推动作用。例如，该原则要求，对于存在潜在利益冲突的任务，董事会应当考虑分派足够数量的能够形成独立判断的非执行董事。这些关键的职责包括财务报告、提名以及经理人员和董事会的报酬（OECD，1999）。上述关于独立董事（非执行董事）的规定，客观上促进了独立董事制度在全球的普及。

2. 国际货币基金组织（IMF）

在东南亚危机时期，IMF 就要求接受援助的国家进一步开放资本市场、完善公司治理机制，从而促进这些国家对公司治理的改革。例如，IMF 对印度尼西亚的经济恢复计划给予了极大的支持，但它同时强调，建立一个良好的公司治理机制是其继续支持印度尼西亚的重要因素（李明良等，2002）。

3. 世界银行（WB）

20 世纪 90 年代开始，世界银行在多个发展中国家和转型经济召开研讨会，宣传推广美国模式的公司治理安排（Blair，2002）。世界银行已经在诸多以 OECD 原则为样板的国家进行公司治理的评估，包括 17 个经济转轨国家。世界银行还实施了一系列含有推动公司治理结构内容的贷款项目，包括转轨经济的企业改革和改组贷款，发展中国家促进民营企业发展的贷款项目。世界银行旗下的国际金融公司还直接在一些国家实施了公司治理项目（张春霖，2002）。

4. 国际证监会组织（IOSCO）

IOSCO 成立了新兴市场委员会（Emerging Marker Committee），并起草了《新兴市场国家公司治理行为》的报告。在 2000 年 11 月举行的年会上，新兴市场委员会倡导各国借鉴 OECD 公司治理原则，以完善上市公司治理。IOSCO 还与国际会计准则理事会（IASB）合作，促进了国际会计准则的发展。2000 年 5 月 17 日，IOSCO 正式宣布 IASB 的 30 个核心准则项目（30 份准则连同 11 份解释公告）已通过了评估。

5. 国际会计准则理事会（IASB）

信息披露是公司治理的重要依据。公司治理产生的必要性部分地来自于信息不对称，信息披露制度的目的就是最大限度地消除信息不对称，使易受损害的一方能享有尽可能充分的信息，从而做出决策，以便尽可能地自我保护（张春霖，2002）。信息披露制度的完善，是公司治理有效性的基础，信息披露的各国差异，是造成各国公司治理差异的重要原因。因此，会计准则的国际趋同客观上会对公司治理的国际趋同起到促进作用。

国际会计准则委员会（IASC）自 1973 年成立以来，一直致力于会计准则的国际协调，并取得了一系列的成绩。IASC 于 1973～2000 年陆续发布了国际会计准则（IAS）。2001 年，国际会计准则理事会（IASB）取代了国际会计准则委员会，自此，国际会计准则理事会对部分国际会计准则作出了修订，并提议对其他国际会计准则进行修订和以新的国际财务报告准则（IFRS）取代某些国际会计准则，对原国际会计准则未涵盖的议题则采纳或提议了新的国际财务报告准则。IASB 得到了欧盟、美国的支持。目前世界上大部分国家或直接采用国际财务报告准则，或以国际财务报告准则为基础完善自己的会计准则。我国以国际财务报告准则为基础，对会计准则进行了改革，于 2006 年颁布了全新的《会计准则》，新的《会计准则》在很大程度上和国际财务报告准则趋同。随着国际财务报告准则的普及，各国在信息披露方面的差异减小，这必然会降低公司治理的差异。

（五）各种治理模式均出现问题

1998 年前后的亚洲金融危机暴露了亚洲公司治理的薄弱，如信息披露不充分、缺乏对中小投资者的保护等。危机后，亚洲各国开始认识到，家族式资本主义、松懈的规章和监管不力、无力的公司治理系统，是造成危机的内在原因（Chong Nam，Yeongjae Kang and Joon-KyungKim，2004）。在此背景下，亚洲国家

（地区）包括中国香港、韩国、新加坡、泰国、马来西亚等都参照 OECD 公司治理原则等经验，制定了本国公司治理准则，以期提升公司治理水准。

　　另外，近年来，英美公司治理也出现了问题。如上所述，20 世纪末至 21 世纪初的公司治理运动实际上是由英国开始的，其起因正是由于公司治理失效，导致一连串的财务舞弊和企业破产倒闭事件。2001 年以来，美国先后发生安然（Enron）和世通（WorldCom）等一系列财务丑闻，更导致人们对英美模式的疑虑，从而推动了美国公司治理的改革。美国的公司治理改革还产生了连锁反应，在一定程度上对其他国家的公司治理改革起到了推动作用，进而促进了不同国家公司治理的趋同。

　　亚洲金融危机和全世界范围内的虚假财务报告蔓延现象，表明了现有公司治理的不足。随着两种模式先后出现问题，各国纷纷对其公司治理进行反思并加以改革时，必然导致二者在寻找自身问题的同时借鉴对方的优点，从而使二者出现一定程度上的趋近。例如，英国 20 世纪 90 年代关于公司治理的有关报告就对德国、法国的公司法改革产生了重要影响。

二、
世界典型公司治理模式的变革与发展

（一）英美外部市场型公司治理模式的变革与发展

　　20 世纪 90 年代初，以 Polly Peek 和 Maxwell 等公司为代表的一些财务丑闻事件出现后，英国成立了卡德伯里委员会，并发布了《卡德伯里报告》（Cadbury Report），对英国当前的公司治理体系进行了审查，并提出了相关的政策建议，开始了公司治理的改革。此后，英国针对公司治理的不同议题，出台了一系列的公司治理报告，例如，针对董事会薪酬问题的《格林伯利报告》（Greenbury Report，1995）和《董事薪酬报告》（The Director's Returneration Report，2002），关注内部治理的《哈姆佩尔报告》（Hampel Report，1998）、关注内部控制的《特恩布尔报告》（Turnbull Report，1999）、强调非执行董事职能的《希格斯报告》（Higgs Report，2003）、关注审计人员独立性的史密斯报告《Smith Report，2003》。在辩证吸收这些报告成果的基础上，英国财务报告理事会于 1998 年发布了《英国公司治理联合准则》（The Comblined Cod，以下简称《联合准则》），并在 2003 年、2006 年和 2008 年进行了修订。2007 年美国发生次级信贷危机后，英国发布了两份重要报告《特纳评估报告》（Turner Review）和《沃克评估报告》（Walker Review），分别对金融监管和银行业公司治理提出治理意见，并根据两份报告的建议，对《联合准则》进行了修订。这些公司治理报告和《联合准则》构成了英国公司治理改革的基础。

2001 年安然、世通等公司丑闻的发生，对美国证券市场产生了巨大的影响，投资者信心受到了重创。面对压力，布什总统和美国国会、美国会计总署、美国联邦储备银行、美国证券交易委员会（SEC）等迅速做出反应，分别从不同角度提出了对策。作为股票市场基础设施的提供者——证券交易所和股票市场的监管者 SEC 最先对此做出了反应，2002 年 2 月 13 日，SEC 主席哈维·皮特要求证券交易所重新审视上市公司在公司治理方面的具体标准。2002 年 5 月 22 日，纳斯达克提交了它的修改草案。2002 年 6 月 6 日，纽约股票交易所出台的关于改进上市公司治理标准的建议书，在美国引起了强烈反响。2002 年 7 月 24 日美国参众两院于以出人意料的速度就广泛的公司改革议案达成了一致，通过了称为《2002 年公众公司会计改革和投资者保护法案》（又称为《萨班斯—奥克斯利法案》）。该法案对美国《1933 年证券法》、《1934 年证券交易法》作出大幅修订，在公司治理、会计职业监管、证券市场监管等方面作出了许多新的规定。2002 年 10 月 24 日，SEC 根据 2002 年《萨班斯—奥克斯利法案》组建了公众公司会计监管委员会。美国次级信贷危机后，美国政府开始了自 1929 年"大萧条"以来最彻底的全面金融监管改革，这些也促进了美国公司治理改革的深化。英国和美国的公司治理改革具体做法虽然不尽相同，但改革的方向和原则基本一致。

1. 利益相关者的利益被逐渐重视

传统的英美公司治理强调股东至上的原则，对于其他利益相关者的利益则不够关心。但近年来，这一现象已经有所改变。

美国 20 世纪 80 年代兴起了一股"敌意接管"（Hostile Takeover，又称恶意收购）浪潮。敌意接管者高价购买被收购对象公司的股票，然后重组公司高层管理人员，改变公司经营方针，并解雇大量工人。由于被收购公司的股东可以高价将股票卖给收购者，因而他们往往同意"敌意接管者"的计划。按照传统的公司法，经理仅仅对股东负责，因而经理有义务接受"敌意接管"。但这种会给股东带来暴利的"敌意接管"行为，往往是和企业的长期发展相违背的，会损害其他"利益相关者"的利益。在此背景下，美国许多州从 80 年代末开始修改公司法，允许经理对比股东更广的"利益相关者"负责，从而给予经理拒绝"敌意接管"的法律依据。

1989 年，为了抗御"敌意接管"，宾夕法尼亚州议会提出了新的公司法议案。它包括四条新条款：第一，任何股东，不论拥有多少股票，最多只能享有20%的投票权。第二，作为被收购对象的公司，有权在"敌意接管"计划宣告后18个月之内，占有股东出售股票给"敌意接管者"所获的利润。第三，成功的"敌意接管者"必须保证26周的工人转业费用，在收购计划处于谈判期间，劳动合同不得终止。第四，赋予公司经理对"利益相关者"负责的权利，而不像传统公司法那样只对股东一方负责。《宾夕法尼亚州新公司法议案》一反传统公司法"股东至上"准则，对股东的权力和利益作了限制，对工人利益予以保护，并授予公司经理对"利益相关者"负责的权力，引起其他州的连锁反应。从20世纪80年代末至今，美国已有29个州修改了公司法。①

英国在1998年发布的《哈姆佩尔报告》（Hampel Report）中开篇就指出，公司治理模式在世界各国存在着差异，但是，基本议题都是一样的——对股东责任的管理，一方面，从世界经济和市场发展的角度来讲，随着人们纷纷把闲置的资金用于投资，越来越多的人成为"股东"；另一方面，所有的公司都是对股东投资的维持和经营。董事会的责任、政策、结构和治理过程都应该体现股东的利益。董事会应该对利益相关者负责，尤其对股东负有可追溯责任。2001年6月，英国贸工部公布的《公司法检讨：最终报告》在董事的义务方面也引入了利益相关者理论（丁广宇，2005）。

2. 机构投资者作用逐步加强

20世纪末，在英美等国家中，机构投资者得到了极大的发展。以英国为例，在1963年，上市公司54%的股份为个人投资者所持有，但在1993年，该比例迅速下降到17.7%，在2004年年底，个人投资者持股比重进一步下降到了14.1%。与此同时，1993年英国以养老基金为代表的机构投资者持有上市公司61.4%的股份，2004年尽管由于海外投资者大量增加的缘故，英国国内机构投资者持股比例大幅降低至38.1%，但仍远大于个人投资者的持股比例。② 同样，在美国，以养老基金、投资基金和保险公司为主体的机构投资者持有证券的比重从1980年的37.2%增加到了2006年的66.3%。美国机构投资者占美国总股本的比重已经由1950年的7.2%上升到2001年三季度末的46.7%。其中，养老基金由0.8%上升到19.8%，共同基金由2%上升到17.9%，保险公司由3.3%上升到7.3%。个人和非营利组织持股比重则由1950年的90.2%下降为2001年三季度

① 崔之元：《美国二十九个州公司法变革的理论背景》，载于《经济研究》1996年第4期。

② Igor. G. ，Joerg，R. W. ，Jochen，Z. Does Compliance with the German Corporate Go vernance Code Have an Impact on Stock Valuation? An Empirical Analysis ［J］. Corporate Governance：An International Review，2006，14（5）.

末的40.2%。① 之所以近年来美国机构投资者持股比例会迅速增长，一个重要原因是美国放松了对银行参与证券业务的限制。《1987年银行公平竞争法案》使商业银行开始可以涉足证券投资等非传统银行业务。1999年11月4日，美国参众两院通过了《1999年金融服务法案》，彻底废除了1933年制定的《格拉斯—斯蒂格尔法》，从而结束了银行、证券、保险的分业经营与分业监管的局面。《1999年金融服务法案》允许银行、证券和保险公司以控股公司的方式相互渗透。

机构投资者的发展壮大，使其逐步在公司治理中发挥积极作用，机构投资者逐步从消极股东向积极干预者转变。在以股权分散为基本特征的英美治理模式中，机构投资者并没有激励在其持有股票公司中扮演积极的治理角色，在公司经营管理不善或投资者利益受到损害的情况下，它们倾向于在市场上出售持有股票的方式来保护自身利益。不过，随着以养老基金、保险基金和投资基金为代表机构投资者的资金规模逐步增大，其持有公司股份数量也日渐增多。在这个背景下，它们不再仅局限于用脚投票，而越来越多地采用主动沟通、加强与公司的接触、干预公司治理等方式直接参与公司治理。英美一些发达地区工会通过机构投资者（特别是养老基金）也在对公司治理造成影响，发挥公司治理的作用。在英国，工会议会（TUC）在20世纪90年代末发动了一项运动，动员工会的影响力，使之担当养老金股东的角色。在美国，工会在监管基金经理投票表决权方面也发挥着重要作用。例如，美国劳动联盟敦促基金经理按照工会客户的提议进行投票。1999年10月，美国劳动联盟公布了报告，依照行驶股东权利的主动性对共同基金进行评级。

另外，企业也越来越重视与机构投资者之间的联系与沟通，通过建立良好的投资者关系，增强公司信息披露的透明度，维持公司良好的市场形象。据英国投资者关系协会对200多家大型企业高层经理的调查表明，72%的人都认为他们比3年前更重视企业与机构投资者的关系。机构投资者为保证持续盈利，也希望与企业建立一种长期信任的关系。英美等国的机构投资者正在由投机者向稳定投资者转变。

3. 内部治理机制得到强化

美国和英国的董事会采用的都是单一的董事会制度。董事会作为公司治理的核心主体，其有效性成为公司治理成败的关键，而董事会的独立性是发挥其有效性的先决条件。

---

① 牛犁、张哑雄：《美国股票市场投资者结构分析及启示》，httn：//finance sma. com. cn/i/20020907/1741251886 html 2002－09－07。

有证据表明，英国公司中已经出现了事实上的双层制结构（Davis，2001）。根据法律的要求，英国公司董事会的职能已经更多地向监控方向发展，一些公司管理职能已经转移到仅有一个执行人员组成的非正式委员会的手中。在英国，将日常管理和主要的经营决策转移到"管理委员会"已经越来越普遍。这在美国同样如此。事实上，英美公司董事会设立由外部董事组成的下设委员会（如薪酬委员会、审计委员会、提名委员会等），就已经引入了双层制的要素（Thomsen，2001）。因为，通过设立独立董事并由他们组成专门委员会，实际上使得管理和监督职能得以分离。这与双层制下的监事会制度具有异曲同工之处。此外，董事会主席和CEO或管理董事职位的日益分离，以及不断增强的任命非执行董事的趋势，也表明英美公司的决策管理与决策控制的职能被逐渐分离，董事会结构某种程度上向欧洲的双层制趋近（Thomsen，2001；Hopt，2004）。

尤其是安然、世通等一系列财务报告舞弊案发生以后，美国对其公司治理进行了反思，颁布了《萨班斯—奥克斯利法案》，加强了公众公司的内部控制，其中一个重要方面就是审计委员会的法定化。尽管审计委员会从属于董事会，但设立这样一个专门委员会，无疑强化了对董事会和管理层的监督和制约，尤其是在会计事项方面。另外，2002年，纽约证券交易所（NYSE）和纳斯达克（NASDAQ）均提出建议，要求上市公司加强公司治理，包括多数权益性报酬计划需经股东批准；与公司没有实质性联系的独立董事应在董事会中占多数；独立董事须在报酬委员会和提名委员会中发挥更大的作用；定期召开仅有非管理董事参加的会议。上述变化表明，美国越来越重视内部控制的作用，尤其是逐渐强化外部董事的监控权，这与内部控制模式在实质上具有某种程度的一致性。美英创立独立董事制度进行内部监督。某种意义上是对监事会制度的借鉴；而反过来，许多大陆法系国家又从美英引入了独立董事制度。这种有意思的循环，正表明了不同公司治理模式相互学习、相互借鉴的特点。

4. 加强会计监管，提高会计信息质量

2002年的公司丑闻打破了美国政府自30年代以来对公司治理的自由放任政策。《萨班斯—奥克斯利法案》是战后美国政府首次对公司内部治理结构进行干预。改革主要内容是强化董事会监督的独立性，特别是提高审计委员会的职责和独立性。

一是会计标准从行业自我规范到联邦强制规范转变。根据《萨班斯—奥克斯利法案》授权成立公共公司会计监督委员会（PCAOB）对会计行业进行监督规范。PCAOB是一个民营、非营利实体，受SEC管辖监督，取代以前会计标准制定实体FASB。它标志着会计行业调节的联邦化，结束了美国会计职业自我规范

的历史。PCAOB 自 2004 年到 2006 年出台了四个会计标准。其中内部控制和一体化审计是两个核心标准。这两个原则规定了董事会中设立完全独立的外部会计师团队，直接对公司财务报表和 CEO、CFO 的财务担保证明进行审计和负责。公司财务报表的制定和审计完全由外部审计师团队完成。

二是强化会计师的职责和独立性，规定外部会计师的聘任、解雇和薪酬由公司专门的审计委员会决定，而不是经理或董事会，审计委员会的成员必须全部为"独立性"会计，即不能是本公司的现任经理或雇员，不能成为管理职能的一部分，不应为客户辩护。独立性规则只适用于"登记注册的公共会计事务所"，只有在 SEC 和 PCOAB 登记注册的会计事务所才能为公开交易的发行人提供会计报告。会计师不能审计本公司的财务。削弱会计师与被审计企业的人际关系，实行强制性的会计事务所合伙人定期轮替制度，规定会计师受雇于客户企业不得超过 5 年。公司必须披露会计费用和非会计费用的规模。此外，禁止会计师从事非会计服务，分离会计审计和会计服务职能，减少会计监督职能履行中的利益冲突。

5. 重构激励约束机制

英美市场导向型公司治理模式下，以股票期权等权益方式激励为主的经理人薪酬模式，一方面造成了经理人行为的短期化，另一方面也造成了经理人公司收入操纵和财务造假的严重后果现象。英美两国在 20 世纪末和 21 世纪初频频出现的财务造假丑闻更暴露了该激励模式的弊端。英美两国在公司治理改革的过程中强化对经理人薪酬的内部约束，重构了激励和约束并重的薪酬机制。

在英国，英国政府设计了将经理人薪酬和公司业绩挂钩的机制，在一定程度上约束了经理人追求近期股价上升和个人财富增长的短视行为。最初在 Cadbury 报告中就提议 CEO 和董事会主席不能由同一人担任，随后的 Greenbury 报告针对董事薪酬作出了更为细致的建议：设立独立的薪酬委员会，将公司有关董事的薪酬政策、董事薪酬的种类及详细项目、股票和期权激励的相关信息予以披露，作为公司年报的一部分，以报告书的形式提交股东会承认，使薪酬激励更加公开、透明，便于监管。2003 年英国修订了《公司法》，要求公司在年度报告中披露的两项引人关注的内容：一是必须披露参与设置高管薪酬方案的薪酬顾问姓名，以杜绝薪酬顾问不具备独立立场的现象；二是如果确定的薪酬是与同类公司比较的结果，必须披露参照的对等团队，避免在设定管理者薪酬时不比较业绩，致使公司支付的薪酬不断上升。

而美国新通过的公司法案规定，公司管理层在财务报告不实的情况下返还业绩报酬：CEO 和 CFO 在违规报告发表之后的 12 个月内获得的一切报酬和买卖股票的收益都必须归还公司，并返还给投资者。另外该法案还规定：没有建立内部审计的公司，必须设立内部审计委员会，并且由与公司不存在"实质"关系的独立董事组成。关于期权方面的改革，一方面，是激励长期化，尽量使股票能反映未来现金流的价值，期权就能起到长期激励的作用；另一方面，纽约证交所新的上市规则要求，公司所有基于期权的股票计划都要经过股东大会的讨论通过，同时，在董事会中大量增加独立董事，收回给最高管理层股票期权的授予权；还有一些学者提出，应进一步改进期权的使用方法，采用战略性期权，就是将期权的奖励依赖于公司股票在同行业股票中的表现，即考核标准不再是股票价格，而是股票价格的比率。在约束机制方面，美国的改革在董事保险方面，如果公司有财务欺诈行为，董事通过公司享有的责任保险绝大部分将宣告失效，此规定将促使董事更加尽职尽责。

6. 推行职工持股制度

德国的劳资共决制和日本的利益共同体制对英美公司治理产生了重要的影响。美国同样也开始推行职工持股计划，但是，在美国，职工持股计划不是主要作为一种职工参与公司管理的制度安排来设计的，而是侧重于职工的分享利润和增加职工的各种社会保障和社会福利。相比之下，英国推行的职工持股计划更能体现出公司治理模式的改革。英国政府推行职工持股的原因是政府认为职工与公司未来的成功紧密有关，成功的公司需要有高度积极的职工。在英国，职工持股计划主要是激励员工努力工作，而职工持股计划能有效地使员工和公司结成利益共同体，使得员工能像日本企业的员工一样，把公司和自己作为共同体，这种基本利益一致的基础使企业不能随意、频繁地更换员工，反过来，员工也知道，如果公司发展，他们也将是获益人。

20 世以来，资本市场压力和董事会内部控制机制缺陷引发了公司治理危机。也促成了英美政府对公司董事会结构进行干预的改革。这些改革措施也被当做改革样板向其他国家推广。不过从美国公司治理改革效果来看，独立董事、权益报酬、会计改革等措施的合理性、有效性还有待观察，特别是会计造假等公司丑闻作为一种全球性现象出现时，就必须超越从个别国家的特殊背景考虑目前的公司治理问题。

尽管法学、管理学、经济学理论更多地从法律、所有权与控制权、董事会结构、激励机制等方面考虑公司治理的变化，但仅从个别方面进行的理论和实证并不能得出比较令人满意的结果。作为崇尚自由竞争的英美体制，股东或市场导向的公司治理转变为什么发生在 20 世纪 80 年代？90 年代股东导向治理在造就了新经济繁荣的同时，也出现了市场短视和经营短视问题。仅仅从上述角度理解英美从管理资本主义向股东资本主义转变就比较肤浅，难以把握这种转变的实质。因此，必须从制度体系变迁角度寻找这种转变的合理性、存在的缺陷和问题。

（二） 德日内部控制型公司治理模式的变革与发展

20 世纪 90 年代以来，日本、欧洲大陆等内部控制导向型公司治理模式国家都向外部市场治理方向改革。需要强调的是，这些国家公司治理变革的直接诱因是全球化背景下，公司治理体制存在的缺陷引发了长期经济萧条、金融危机等宏观经济恶化问题。

日本出现了主银行融资治理缺陷和供给过剩萧条。日本公司治理被称为状态依存型的。即企业在不同的经营状态下，债权人（银行）和股东分别承担不同的监管角色和作用。当企业经营业绩良好时，主要稳定股东（通常是以经理会形式）负责监控；当企业业绩恶化时，债权人（主要是主银行）出面干预，出台重组计划，更换和约束管理班子等。银行既是债权人又是股东，但实际上银行主要履行债权人角色，很少和难以履行股东角色及利益，通常情况下银行在非金融公司的长期稳定持股是一种隐性契约承诺，不是追求股票价值利益，而是维持与持股公司的长期业务关系。银行实施股权约束（退出）的代价很高。随着资本市场的不断开放以及大公司多样性融资便利，银行很难再监督公司经营状况。全球化和证券市场放松管制削弱了银行的监督控制和融资地位。20 世纪 90 年代的金融管制放松允许银行从事证券业务激励了银行促升股票价格行为。债权人控制企业多属于风险规避型企业，强调现有生产设备和能力扩张、扩大市场份额、最少化产品设计和研发投入；过度投资于低风险、低回报项目。上述投资行为必然产生企业过度资本支出，导致生产能力过剩和社会总供给过剩。在国内经济萧条和海外低成本产品竞争条件下，进一步恶化了国内宏观经济形势。内外悬殊的外国直接投资（海外生产、外包和跨国并购）差额被认为是日本企业制度规避或逃逸的产物。尽管对外直接投资是发达国家的普遍现象，但日本 20 世纪 90 年代以来持续的高出口贸易和海外资产盈余与国内低迷的国内投资、经济增长、失业形成鲜明对比。

欧洲大陆也发生了一系列公司丑闻，如意大利的 Pamralat，荷兰的 Abold、法国的 Vivendi、比利时的 Lerllout & Aauspie 和德国的 Kirch 等。不过欧洲大陆与美国公司丑闻问题形成的机制不同。在分散所有权下，来自市场压力迫使经理人员采取收入操纵或管理行为。在 20 世纪 90 年代以前是平抑公司收入波动，树立投资者对公司经营的信心。90 年代则演变成虚报，甚至不惜造假来提高企业经营业绩，以促动公司股票价格上升，并通过股票期权行使获取个人利益。而在集中所有权下，控制股东不需要间接的控制机制，比如权益报酬或股票期权来激励经理，而是借助命令控制体系。控制股东可以直接监督和替换经理。因此，经理既没有动机，也缺少相应的权力进行收入操纵。控制股东也不关心公司每天的股票行情，因为控制股东关注控制权而不是流动性收益。控制股东很少卖掉自己的股份，即使出售也可以通过私人协商或内部交易以高于市场价格的溢价形式。因此，集中所有权体制下，无论是经理还是控制股东都没有动机促升股票价格。很少使用股票期权和对短期股票价格缺乏兴趣是集中所有权体制下财务造假现象较少的两个因素。集中所有权的主要问题是抽取私人控制权利益。私人控制权利益主要发生在金融交易中。所有权被公开上市稀释，强制要约收购或挤出式并购强迫小股东以低于市场价格出售股票。控制股东抽取私人利益还会采取转移资产和交叉补贴。欧洲大陆多数丑闻事件都是资产转移引发的公司财务危机。因此集中所有权体制也需要强化内部监督控制和财务信息的透明度。全球化使欧洲大陆各种治理模式都面临挑战。法国的国家资本主义模式、意大利的家族资本主义、德国和荷兰的莱茵资本主义、北欧的社会民主模式在 90 年代都经历了治理危机。欧洲单一货币市场、一体化客观上打破了国家疆界限制，政府对社会经济的干预受到限制。传统的高福利制度、僵化的劳动雇佣体制和生产体制面临困境。90年代欧洲主要内部公司治理体制大国的经济指标（如失业率、增长率、资本市场投资回报比例等）都逊于英美市场导向体制。

德日内部控制型公司治理模式变革和发展的主要表现有：

1. 权益融资的增加，所有权结构发生变化

（1）权益融资逐渐增加。

原先，德国和日本企业对银行债务融资的依赖度很高，而通过资本市场融资仅占一小部分。但是，这一情况已经发生了变化。日本金融市场的自由化和国际化使得从原先的过于依赖银行体制转向逐渐依赖于权益市场，权益融资的比例从1980 年的12% 上升到 1998 年的30% ~40%（Rubaehand Sebora，1998）。与此相对应的是，贷款在企业融资中所占比重越来越少，日本公司越来越倾向于通过债券、商业票据等多元化渠道融资。有关数据显示，日本企业融资中贷款的比例从1972 年的39% 下降到 1997 年的13%（崔学东，2005）。德国公司也开始通过上市来筹集资金以满足企业扩张的需要（Lane，2003）。许多德国大公司都进行过国际并购，一些公司还至 NYSE 上市进行国际融资（Deeg，2001）。从政府方面来说，德国、日本也都积极采取措施放宽或取消了对证券市场的限制、促进资本市场的发展。例如，日本于 1996 年对金融体系进行改革，实行股票交易手续费自由化，取消有价证券交易税。

（2）交叉持股逐渐降低。

20 世纪末以来，欧洲和日本的金融公司都已开始减少交叉持股（Joeoby，2001）。如法国公司内部交叉持股从 1993 年的 59% 下降到 1997 年的不到 20%①。1997 年，日本交叉持股的比例由最高峰 1986 年的 55.8% 下降到 45.7%，并且这一下降趋势在进一步加快，1987～1992 年每年以 0.5% 的速度下降，1993～1997 年每年的下降速度则提高到 1.4%。② 据《经济学家》报道，2004 年，日本公司交叉持股比例已降至 24%，而同期外资持股比例则由 6% 跃升至 22%。德国还于 2000 年通过立法规定，从 2002 年起，对出售股权的利得免税，从而鼓励投资者从业绩较差公司抽回长期股权，导致交叉持股被拆散，大股东被瓦解，并使得公司更加依赖于股票市场（Lane，2003）。

值得指出的是，交叉持股的降低，对于提高股票市场的流动性具有积极的意义。并且，这些解体后的交叉持股股票往往被国外投资者、本国机构投资者所持有，从而有助于公司更加关注于投资者利益，注重提高公司的盈利性。

（3）个人股东增加。

20 世纪末以来，德国、日本等大陆法系国家公司中，个人持股比率有所增加③。据日本全国证券交易所协会发表的 1999 会计年度日本股票分布状况调查显示，日本个人股东人数连续四年增加，首次突破 3 000 万人，而散户投资人的持股比例也创下 1983 年度以来的最高水平，达到 26.4%。而金融机构的持股比例占 36.1%，比 1988 年度下降 3.2 个百分点（胡方、皇甫俊，2005）。由于德国公司已经越来越关注于股东获得更高的回报，德国人已经逐渐对购买股票感兴趣（Deeg，2001）。

2. 主银行逐渐退出

主银行（或全能银行）在德国和日本传统的公司治理中居于重要地位。主银行往往在上市公司监事会和董事会中占主导地位。1996 年 7 月，日本上市企业的 42 978 名董事和监事中，从银行派遣来的董事占 1 615 人，监事达 770 人（孙丽，2003）。

但是，21 世纪初以来，主银行在日本和德国公司治理中的作用正逐渐降低。实际上，20 世纪 90 年代以来，日本银行与企业的关系就已开始松散（鹤光太郎，2001），主银行的治理效力大大削弱。其主要原因是：（1）近年来，由于资本市场的发展以及外资管制的放松，企业（特别是大企业）的融资方式由间接融

---

① 胡鞍钢、胡光宇著：《公司治理中外比较》，新华出版社 2004 年版。
② 同上。
③ 20 世纪 90 年代以前，则是个人股东年断下降，法人股东不断上升。

资转向直接融资，大企业可以自由发行债券和股票，其融资手段和渠道逐渐多元化，对银行债务融资的依赖性降低。（2）一些主银行因为大量不良债权影响了自身经营效率，自顾不暇，无力顾及对企业实施有效的治理。在泡沫经济破灭后，主银行率先将所持股票由"控股证券"转交成"利润证券"，在公开市场进行抛售（孙世春，2003）。2002 年 9 月，日本中央银行决定，直接收购银行持有的、价值超过银行自有资本部分的上市公司股票，以减少银行持有的客户企业的股票。（3）企业财务实力不断增加，降低了对银行的依赖性（胡方、皇甫俊，2005）。（4）日本银行自身也希望提高其持股的流动性，以降低风险、获取更高的收益（Jocoby，2001）。日本银行的持股收益率一直较低，在此情况下，银行为了追求更高的收益，自然希望减少在工商企业中的持股。

在德国，银行也减少在企业中的持股，以降低因持有其他企业过多股份而导致的风险，并避免长期锁定在企业权益投资上而投向其他盈利性更好的地方，他们希望通过股票市场来提高投资的流动性，以获取期美国竞争者那样的丰厚利润（Deeg，2001；Jocoby，2001；Lanc，2003）。一些银行已经从企业监事会中退出，尤其是从监事会主席的位置上退出。几家主要的银行均宣布要大幅度减少对非金融企业的参与，其原因主要有（Hopt，1998）：（1）银行代表自身或银行认为，从银行的最大利益考虑，保留监事会的席位并没有必要；（2）在企业失败和丑闻中，银行对企业的影响受到了批评，很多人担心银行的权力过大；（3）在与英美投资银行的竞争中，德国银行认为，对本身就在监事会成员上人才匮乏的银行而言，派出代表去担任企业监事会成员，会导致银行人力资源的耗费，这是不经济的。并且，由于面对越来越多的企业收购，如果银行在收购方和标的公司监事会中同时都有代表，会导致严重的利益冲突问题。此外，德国 1998 年《企业控制与透明法》还对银行通过其控制的代理投票权来影响公司的能力加以更严格的限制，银行持有另一家公司超过 5% 的股份，将不再对公司存放在银行的股份享有投票权。

3. 对董事会进行改革，强化内部控制

日本和德国以及其他欧洲国家都通过对董事会的改革，来强化内部控制机制。董事会改革集中体现在经营和监督控制功能分离，缩小董事会规模，提高外部董事比例方面。董事会的改革方面主要存在三类模式：

第一类是竞争性选择的董事会结构。日本民商法规定大公司可以在现有的法定审计师体制和美国式的委员会体制之间做出竞争性选择。这是推行美式委员会制的法务省和维护传统公司模式的经团联为首的经济界斗争妥协的结果。前者主张用委员会制完全替代法定审计师制，后者反对用法律规定统一的董事会模式，

尤其是外部董事的规定。1993 年就引进了外部审计师制度，但多数企业选择离开公司 5 年（1993 年民商法规定的最低年限）的前雇员作为外部审计师。2001年首次对此进行立法干预，规定 2005 年 5 月以后大公司的外部审计师（公共会计事务所聘任）要占一半以上，强化了审计师的权限和责任。委员会制则要求经营监督分离，引入 CEO 专司日常经营，设立审计、提名、薪酬三个委员会分别负责公司财务审计和信息披露的准确性、董事选任和解聘、薪酬决定，其外部董事占到一半以上。到 2004 年 3 月只有 71 家企业采纳了委员会制，其中包括 300家上市公司中的 4 家企业，不到符合条件企业的 3%。采用该体制的多为具有国际竞争力的高技术产业，它们多数采取海外经营和上市，不受国内雇佣工资制度和融资模式限制，易于接受外资入股和遵循国际惯例。即便如此，委员会制也嵌入了日本现有的企业惯例。民商法没有用美式的"独立董事"而是"外部董事"概念。经团联认为，在高度关系背景下的日本企业，独立董事很难找到也难以发挥作用。日本企业的外部董事实际上是集团内母公司、同属企业、主银行的经理或代表，是内部人。即使是非同一集团的外部董事也多和本企业有业务或财务关系，这反映了治理结构和外部董事指定的内生性。由内部人主导的委员会制治理结构有可能被母公司作为强化集团凝聚的工具。日立和野村集团公开承认采取委员会制就是为了统一和强化集团管理，这显然不是政府公司治理改革的初衷。

第二类是欧盟的带有强制因素的多样性自主选择模式。法国在 2001 年出台法律允许企业在传统的单层董事会、双层董事会和第三模式之间进行选择。所谓第三模式是在单层董事会结构下，分离董事会主席和执行总监的职能。意大利在1998 年引入了新的上市公司规则，在传统董事会内引入强制性的作为内部审计机构的监事会。意大利的监事会类似德国的监事会，但它的控制义务不包含企业战略，因而不涉及咨询功能。意大利董事的独立性体现在监事会和经理会人事结构不能交叉，雇员不能成为监事会成员。2003 年出台新的内部控制结构改革。从 2004 年起，上市公司可以在三种董事会结构中选择：传统结构、德国的双层董事会结构（管理董事会和监督董事会）、英美的单层董事会结构（其中管理委员会中三分之一以上为独立董事，控制委员会全部为独立董事）。

第三类是德国为代表的维持传统但具有事实混合治理的董事会结构。虽然遭到德国雇主协会和行业协会对共决制的抵制，带有共决制的双层董事会推荐指示也没有在欧盟获得通过，2002 年出台的德国公司治理法典保留了传统的双层董事会结构，特别是雇员董事代表参与的共决制。但由于欧盟一体化压力和德国政府相关的改革措施使董事会治理功能发生了事实混合治理变化。造成这种状况的主要因素有：一是德国大银行从从事长期投资和与企业人事密切的主办银行向追求短期金融利益的投资银行转变。这必然影响德国传统的以银行为主导的董事会结构和治理功能。抵制敌意接管的障碍消除了，产生了双层企业融资监督体系。大银行通过金融市场和大企业之间的交易。储蓄和合作银行充当广大中小企业的债权人功能。二是私有化的前国有公司运用股东价值管理从事激进重组，强化竞争力，从而成为股东价值导向的先锋。三是经理会的人事结构发生了质变。来自公司外部而不是内部晋升的高级经理比例越来越大，经理任期也不断缩短。高层经理专业化和金融学历背景比例占据主导，传统的生产技术背景和没有高等学历的技术工人出身的高级经理已经非常罕见。

4. 引入经理人业绩激励机制

控制股东或基于关系背景的公司治理体制下，监督和控制似乎不是公司治理的核心问题，即不是股权分散结构下股东与经理的委托代理问题，而是控制股东与小股东之间的利益剥夺问题。德国、意大利、比利时、奥地利等许多欧洲大陆国家，单个控制股东通常拥有超过50%的投票权。这种集中的所有权结构通过金字塔持股、交叉持股和不同表决权结构股票强化了大股东控制。集中所有权结构下，经理激励主要来自控制股东的长期雇佣，内部晋升等长期承诺，而不是短期目标激励。欧洲大陆国家很少依赖高能激励报酬，并且基于业绩的报酬比例也相对较低。原因主要有：集中所有权结构下的资本市场股票流动性较低，限制了股票收益率及持有动机；控制股东关注私人控制利益而不是股票收益；权益报酬体制的监督激励作用建立在信息披露高度透明，严格的投资者法律保护前提之上，否则高能激励在信息不透明基础上将成为变相的大股东资产转移和利益剥夺。

而随着德日等国家股权结构的改变，一些国家也借鉴美国的经验，对企业高级管理者实施股票期权报酬计划。如日本、法国、德国等均先后放松了对股票回购的限制，并对经理股票期权的税制进行改革，从而为股票期权的实施提供了基础。

德国公司治理小组2000年7月发布的《德国上市公司治理最佳规则》指出，管理委员会和经理层的报酬应足以激励他们为公司长远利益服务，其中应包括股票期权计划，以及与公司股票价格的上涨和公司的持续成功发展挂钩的业绩激励。德国已经立法允许公司采用股票期权作为经理人的奖励，并允许回购公司的股票（Lanc，2003），从而为实施股票期权和其他权益基础的激励提供了技术上的可行性。目前，在德国最大的100家公司中，约有70%采用了将工资与个人绩效或者设定的目标联系在一起的工资组合方案，51%的公司根据利润或公司整体绩效支付薪酬，57%的公司有员工持股计划。如奔驰公司和德意志银行于1996年实行股票期权计划，引起社会的普遍关注。大众汽车和亨克尔公司也于1997

年实行股票期权。此外，彪马（1996）、大陆（1995）、SGL碳公司（1996）等也均实施了股票期权制度。当然，总的来看，在德国公司中，经营者股票期权的使用尚不够普遍。

日本传统上采用年功序列制，而较少采用经理人激励制度，这与当前瞬息万变的商业环境已经不相适应（鹤光太郎，2001）。从1995年起，日本模拟导入股票期权机制，并于1997年正式启动①，至1999年5月底，实施股票期权的大企业有247家（万俊毅、欧晓明，2004）；至2000年，采用股票期权的公司已经超过800家（胡方、皇甫俊，2005），其中包括NEC等知名企业；2002年，采用股票期权制度的公司已达较高比重。由此可见经理股票期权制度在日本发展的速度之快。

5. 加强对投资者的保护

随着资本市场的逐步完善和发展，大陆法系国家和地区也开始借鉴英美的经验，在立法上和相关的实务上加强了对投资者的保护。"股东价值"观念已经逐渐受到重视。如德国最近的立法已经将决策过程的控制权倾向于股东，包括提高会计透明度。德国公司也越来越关注于股东获得更高的回报（Deeg，2001），西门子等一些大的跨国公司均开始采用股东导向战略。在德国，投资者为了获得更高的回报或保护自身权益而将经营者付诸法律的事件近年来也逐渐增多（官欣荣，2004）。意大利1997年的Draghi法也大大地增强了股东的权利。在日本，一个名为股东监察团（Kabunushi Ombudsman，KO）的非营利组织领导发起了股东权利运动。KO成立于1996年，它由律师、会计师、学者和散户投资者组成，其目标是监控和改革日本的经营做法。自2002年以来，KO已向数家公司提出股东建议，包括要求董事会修订公司章程、公开董事的薪水和退休金。大陆法系国家（地区）在加强投资者保护方面的行动主要有：

（1）引入和完善股东派生诉讼制度。

日本于1950年修改商法时，在借鉴美国法的基础上，建立了自己的股东代表诉讼制度。但是，该制度建立后，由于对原告股东的限制过于严格，股东利用诉讼保护自己和公司的合法权益的积极性不高，股东代表诉讼没有发挥应有的监督经营的作用。在1993年修改商法时，对该制度作了重要修改，修改后的商法规定，股东代表诉讼的起诉费用一律为8 200日元，与请求赔偿额无关。另外，

---

① 索尼（Sony）是第一家采用股票期权的日本公司。1996年，索尼引入股票期权制度，但由于当时股票期权制度还是违法的，因此索尼只能通过一系列的金融工程操作才能实现。1997年，禁止采用股票期权的限制被解除（胡方、阜甫俊，2005）。

股东胜诉时还可以向公司请求偿还所需的调查及诉讼费用。商法修订的结果是请求赔偿额度增大、起诉案件及诉讼大公司董事案例增加，出现了大规模的股民运动。而在此之前，由于起诉方股东代表负担过重、起诉手续烦琐，在 1950～1992 年间，日本仅有 31 例股东代表诉讼案例。①

德国原来对少数股东主张赔偿请求权有股份达到总股本的 10% 或达到 50 万欧元的限制。2003 年 2 月 15 日，德国联邦司法部长和财政部长共同提出了《联邦政府改善公司治理的措施目录》，对股东代表诉讼制度作出了修正：①持股数量的要求有所降低，即持有股份总计达到基本资本的 1% 或其股票面值达到 10 万欧元的股东就有资格申请提起要求公司董事会成员或监事会成员承担个人责任的诉讼，这大大降低了股东代表诉讼的门槛；②为了防止股东的滥诉，同时为减轻股东的诉讼风险，《目录》对股东提出诉讼的程序作出了合理的限制。即股东在提起诉讼前，必须得到法院的准许，如果法院认为股东的诉讼是不必要或者有敲诈嫌疑，可以驳回股东的诉讼申请。

（2）强化了股东大会的功能。

近年来，内部控制模式国家开始逐渐加强股东大会的功能。如根据东京证券交易所 2000 年的调查，有 50.1% 的回复公司已经或正在实施、或正在考虑实施采取措施来加强股东大会的功效。其措施主要有：将本公司股东大会召开的时间与其他公司错开（35.6%）；通过报告详细经营业绩等来提高股东大会中信息的全面性（20.8%）；欢迎股东提问以促进和股东之间的交流（11.3%）；更早地发出委托书（7.7%）；在股东大会后接待股东（6.7%）；为股东的提问准备时间（5.7%）（胡方、皇甫俊，2005）。新修订的日本商法规定股东可以通过电子方式行使表决权。

（3）赋予股东更大的账簿查阅权。

所谓股东账簿查阅权，是指除提供财务报告供股东查阅以外，允许股东（或委托其律师或注册会计师）在适当情况下出于正当目的对公司的会计账簿、股东名册、董事会会议记录、重大合同等资料文件进行查询。如果公司管理当局无理阻挠，股东可向法院提出诉讼，并由公司承担相应费用。股东账簿查阅权是股东知情权的重要内容。在美国，股东根据普通法和公司法均有权查阅公司账簿。

以前，日本商法规定持有 10% 以上公司股份的股东方能行使账簿查阅权，在日美谈判过程中，美国要求其降低为 1%，最后，日本在 1993 年修订商法时，

---

① 在 2001 年的商法修订中，针对派生诉讼增多的问题，日本又提高了派生诉讼的难度。修改后的商法保留了原来连续 6 个月以上持有公司股份的股东才有提诉权的规定，但请求公司起诉后监事会的考虑期限，从原来的 30 日延长到 60 日，以便减轻对监事的压力；诉讼中发生和解时，即使没有全体股东的一致同意，也可以免除董事的责任；经全体监事的同意，公司可以协助董事参加股东代表诉讼。

将股东的持股要件降低为3%（刘俊海，2004）。

6. 外部控制权市场有所发展

稳定的交叉持股被认为是日本经济封闭性重要因素。在主要发达国家中，日本吸引的外国直接投资无论规模和占 GDP 比例都是最低的，甚至低于一些发展中国家。从反映资本流动和企业重组的并购指标来看，无论在并购案件数量、金额以及占 GDP 比例来看，日本远远低于美国和欧洲。企业集团内部友好型兼并重组占多数，外部或跨国并购较少，敌意收购更少。稳定交叉持股的解体有助于强化公司治理的市场控制机制，推进股权资本流动和企业重组，强化经营阶层约束，注重企业市场价值和保护投资者利益。自 1990 年以来，日本国内的购并案件受泡沫经济崩溃影响从 754 件跌至 1993 年的 397 件，其后稳步上升到 2004 年的 2 211 件。由于交叉持股的解除、日美悬殊的股市总市值、市净率和专业投资基金的涌现，购并变得容易，尤其敌意收购的增多对企业经营阶层的压力逐步增大。2005 年活力门公司和富士电视台对日本广播公司的敌对接管与防御之争最为典型，以至于日本经济界人士惊呼日本的敌意接管时代来临了。

20 世纪 90 年代后期，欧洲的敌意接管迅速增加。仅 1999 年，欧洲大陆有 34 家上市公司遭受了敌意接管，总标的价值达 406 亿美元，而在 1990～1998 年，仅发生了 52 起敌意接管，价值为 69 亿美元。迫于欧洲一体化压力和自身经济改革的需要，德国于 90 年代加大了公司治理改革调整。1995 年出台了自愿遵守性的接管法典。同时，大银行退出公司治理核心加速了德国公司控制权市场的形成。2000 年英国的沃达丰公司以 1 850 亿美元收购德国曼尼斯曼公司成为历史上最大的跨国并购案。曼尼斯曼拥有 109 年历史，3 万名员工，年营业额 40 亿德国马克，而沃达丰只有 15 年历史，1 260 名员工，110 亿马克的年营业额。此次并购额占了两国 GDP 之和的 6%。该事件被认为是德国公司治理的一个分水岭，意味着德国公司控制权市场的形成。控制权竞争已经对许多公司管理层产生了影响（Lane，2003）。

7. 完善会计信息披露制度

完善的会计信息披露制度是外部市场型公司治理机制的基础，公司运行状况透明度的高低，决定着有关利益主体尤其是少数股东可以在多大程度上保护自己的利益（张春霖，2002）。与美国相比，日本、德国等国家会计信息的透明度较低。但是，近年来，世界各国均加强了会计制度改革，以提高会计信息的透明度，包括采用国际会计准则（International Accounting Standards，IAS）。此外，各国证券监管部门和证券交易所也要求公司更充分、及时地提供关于公司治理方面的信息，如经理报酬、董事与公司间交易、股东大会和公司董事会的运作情况等。

日本 21 世纪以来对会计准则进行了大规模的修订，以便与国际会计准则相协调，从而提高了会计信息透明度。目前，日本已经要求提供现金流量表、对金融资产采用市场价值计量（Market-to-Market）、在资产负债表中报告养老金负债。合并会计的要求也提高了。2003 年，日本立法加强了金融监管局对会计行业的监督（Patrick，2004）。

德国于 1998 年 5 月出台了《企业控制和透明法》，根据该法对《商法典》第 289 条的修订，董事会应在年度决算报告/形势报告中增加风险报告的内容，详细分析和阐述潜在的风险对企业财产、财务和收益状况可能产生的不良影响及对企业生存可能造成的损害。该法还对《股份公司法》第 90 条进行了修订，加强了董事会就未来业务计划（特别是财务、投资和人事计划）向监事会汇报的义务。1998 年，德国通过了《证券发行法》，允许德国公司采用国际会计准则或者美国公认会计原则（US. GAAP）来编报报表，这提高了财务报告的透明度，使其能更方便地从外国资本市场和投资者处融资。2003 年《联邦政府改善公司治理的措施目录》（以下简称《目录》）提出在德国公司适用国际会计准则。该《目录》根据欧盟规则的要求，提出非上市公司的合并财务报表、上市公司和其他公司的私人会计处理可选择适用国际会计准则。根据欧盟规则所提出的过渡条款，2007 年 1 月之后，国际会计准则应强制适用于所有上市公司。同时，《目录》提出对《商法典》中有关编制资产负债表的规则进行完善，以使其符合欧洲规则和国际会计准则的要求（齐树洁、陈文清，2003）。德国上市公司还将进行大规模的改革，以完善公司治理信息的披露，包括公布公司高管人员收入、披露董事会成员内部交易的相关信息等。另外，《德国公司治理准则》还建议在监事会中设立报表与审计委员会（Accounlsand Audit Committee），负责公司和集团会计、审计相关的问题。德国 Dainder-Benz、Deutsche Telekom 等公司都陆续改变公司的财务揭示政策，以期获得美国资本市场的准入许可证（谢军，2003）。

在此，不得不提到欧盟的作用。事实上，德国在公司治理和信息披露方面的许多改革都是在欧盟的推动下进行的。欧盟（EU）的欧洲委员会（EC）于 2000 年 6 月提出要求上市公司 2005 年用国际会计准则以及未来的国际财务报告标准（IFRS）编制合并报表的动议。2002 年 7 月 19 日，欧盟决议要求欧盟所有上市公司、银行和保险公司，必须根据国际会计准则编制合并报表。欧洲委员会在 2003 年 5 月通过了"公司法律现代化，改善欧盟的公司治理的行动计划"，这个行动计划制定了一系列的倡导措施，旨在提高向股东的信息披露，使其能够更有效的监控管理层①。2003 年 7 月 17 日，欧洲理事会会计监管委员会决定，在欧洲采用除 IAS32《金融工具：披露和列报》和 IAS39《金融工具：确认和计量》之外的其他国际会计准则。此外，欧洲委员会还通过了一项关于使欧盟法定审计现代化的建议，这个建议主要要求推广国际审计标准的使用，并保证所有成员国都有独立的质量保证体系。

欧盟推动德国信息披露改革的另一个例子是内幕交易。德国对内幕交易一直持宽容态度，1994 年以后，德国接受了欧盟的《关于协调内幕交易监管的指令》，放弃其反对禁止内幕交易的一贯立场。1994 年 8 月 1 日，德国证券法首次将内幕交易行为界定为犯罪行为。

（三）东亚家族控制型公司治理模式的发展与变革

1997 年的亚洲金融危机将家族模式封闭的管理、缺乏约束机制、家族内部矛盾等弊病暴露无遗。金融危机后，东亚各国对家族企业治理的治理模式进行改革。改革的表现体现在以下几个方面：

1. 企业股权分散化，社会化程度逐步提高

很多家族企业引入了外部股东，家族成员在企业中的持股份额减少，政府、法人企业、机构投资者或外国投资者逐渐成为企业的大股东，形成了不同类型的股东相互制衡的局面。

2. 引入职业经理人管理

亚洲金融危机后，东亚部分家族企业开始导入外部管理者经营企业，外部职业经理人的导入一方面能够带来先进的经营理念，提高家族企业的经营绩效；另一方面，非家族职业经理人的引进，在某种程度上对家族内成员形成有效的制约，提升家族企业的治理效率。

3. 重新界定政府职能

政府和企业的紧密关系是东亚企业治理的一个重要特点。亚洲金融危机爆发后，东亚各国家和地区在企业治理结构中开始反思政府的作用，重新界定政府职

---

① 根据该计划，所有上市公司的年度报告中都必须提供关于公司治理结构和做法等主要环节的完整详细的报告；关于一个集团的结构以及集团内的关系也需要提供完整的描述；最后，如退休基金和保险企业的机构投资者，也将被要求公开其投资政策以及行使投票权的政策。

能。在改革中，人们逐渐认识到，政府应减少对企业内部和外部干预，强化市场机制在治理中的作用。东亚各国政府开始更多采用法律和法规（如公司法、会计和破产法）的完善和实施来参与公司治理。

4. 公司控制权市场的建立

东亚各企业公司治理一般缺乏外部约束和监督。在改革中，东亚开始重视公司控制权市场为核心的外部监督机制。东亚各政府的主要措施如下：其一是允许行使代理投票权。通过对小股东分散股权的委托，希望能够更多发挥机构投资者的作用，以达到对公司的监督；其二是确立独立审计制度；其三是完善信息披露制度。

三、

对公司治理全球改革和趋同的看法

从以上分析可以看出，近年来，以英美为代表的外部市场模式和以德国、日本为代表的内部控制模式这两种典型的模式都发生了显著变化，呈现出了一定程度上的趋同。但是，应当看到的是，这种趋同仅仅是相对的，无论是英、美还是德、日在变革的过程中都没有完全偏离各自原先的轨道。

（一）两种模式的趋同[①]

随着经济全球化程度的日益提高，客观上要求各国公司治理保持协调和融合。各国政府、立法者、投资者在公司治理方面取得的共识也越来越多。而有关国际组织、政府部门也积极推动了公司治理的趋同进程。因此，在世界范围内进行的公司治理运动，使得不同国家和地区公司治理表现出一定程度上的趋同。

英美模式以股东利益为基础，注重盈利，重视资本市场的作用，似乎更能够适应经济全球化和信息技术产业的发展。但随着安达信公司解体，安然公司倒闭和世界通信公司造假等事件的发生，英美公司治理模式中存在的问题被充分暴露出来，引起了各方的重视。包括美国在内的许多国家提出了一系列的改革措施，

---

① 因为东亚家族控制型公司治理模式实质上是内部控制型公司治理模式一种特殊的形式，所不同的是家族控制型公司治理模式的内部控制是通过家族实施的。家族作为内部控制型公司治理模式不具有一定的典型性，而且家族模式的发展和变革在一定程度上也是逐步朝外部市场型公司治理转化的，所以论述典型公司治理模式趋同时，本书以英美和德日模式为主分析。

以强化董事会的监督职能，诸如：开始注重利益相关者的利益而不是仅仅关注于股东的价值最大化；开始注重公司的长期发展而不是仅仅关注资本市场的表现；由于机构投资者和管理者持股的日益兴起，股权结构一定程度上发生了集中；在依靠市场力量的同时也日益注重公司内部监控机关的作用；强化公司信息披露义务和公司高管人员的义务；强化对于独立董事的"独立性"要求；加大对公司治理中的违法行为的处罚力度等。

而面对自身存在的问题，以内部监督为主的德日模式和东南亚家族模式开始重视股东的利益，重视市场因素对公司治理的有效作用；通过持续有效的改革，银行对企业的监控得到弱化，负债率呈下降趋势，与此同时德日两国一直较为稳固的相互持股关系正在发生松动，股票的流动性大大增强，新的银企关系得到调整，公司活力大大提升；引入经理人业绩激励机制，提高会计信息披露的透明性、注重保护中小投资者的利益等。

各种不同模式的公司治理实际上存在相互学习、相互借鉴的趋同现象。

（二）既有公司治理模式的路径依赖和持久性

所谓路径依赖，简单地说，就是人们过去作出的选择决定了其现在可能的选择（North，1994）。诺斯（North，1990）将路径依赖理论应用到制度变迁上，他认为，一国的经济发展一旦走上某一轨道，在制度的自我增强机制作用下，其既定方向会在以后的发展中得到强化，所以人们过去的选择决定着他们现在可能的选择。他指出，在现实世界中，信息反馈的不完善，不完全的政治市场产生巨大交易费用，决定路径依赖不可避免，进而决定如果初始制度选择不正确，将导致低效制度的长期持续的路径依赖，反之亦然。既有方向的扭转，往往要借助于外部效应，引入外生变量或依靠政权的变化。青木昌彦和奥野正宽（1999）将经济体制的路径依赖定义为由一整套具有互补性的制度所构成的经济体制在进化时，因为各自的历史初期条件不同而有可能形成不同的平衡状态。

公司治理作为一种制度安排，其变迁具有明显的路径依赖特征。每一个国家的模式或机制都是建立在其特有的文化、历史、技术因素基础上的，公司治理机制的差异反映了每个机制产生的路径。路径之所以不同是因为公司治理机制开始于不同的时间、处于不同的地点，并且每一个路径都反映了依据国家、社会、经济环境而做出特定决策的总和（Rubach and Sebora，1998）。最初的历史条件对目前的公司治理有着重要影响，一国经济中任一时点的公司治理都依赖于该国早期形成的结构。离开一个国家的发展阶段及其制度与习俗的历史，而去评判每种公司治理模式的优点以及对转轨经济的适用性，是没有什么意义的。[①]

应当看到，以英美为代表的外部控制模式和以德日为代表的内部控制模式都发生了显著的变化，并出现一定程度的趋同，但是，在趋同的过程中，这些国家或地区并非完全地与原先的模式割裂开来，而是在原来制度基础上进行的改革。无论是英美还是德日，在变革的过程中都没有完全偏离各自原先的轨道，可以说是趋同和背离同时并存。

1. 德日内部控制模式的路径依赖和持久性

第一，以德国为例，到目前为止，虽然如上所述，德国的公司治理模式发生了一些变革，但是，德国公司治理仍未发生根本性的改变。德国依然是内部控制、利益相关者导向的，并没有被股东导向所彻底取代。

从资本市场看，德国证券市场相对而言仍不够发达，很多德国公司并不急于上市，因而只有少数大型公司受到了股票市场的压力（Lane，2003）。从控制权市场来说，尽管德国发生了一些敌意接管的案例，但仍然远远低于英美的敌意接管活动（Jacoby，2001）。

从股权结构看，目前在德国公司中，家族和银行持股依然较突出，即便是在一些大型公司中也是如此：德国的个人持股尽管有所提高但仍然较低，机构投资者仅在一小部分大型上市公司中发挥显著治理作用，由于交叉持股、银行持股的存在，德国公司股权集中度依然很高（Jacoby，2001）。

从共同决定机制来看，迄今为止，共同决定和工会仍然在德国的法律和公司实践中有重要影响。尽管愈加激烈的竞争使得雇员在行使权利方面受到一定的影响，但雇员依然对公司具有较大的影响（Lane，2003）。可以预期的是，由于德国特有的政治文化传统，其共同决定机制很难在短期内发生大的改变。

从公司内部治理结构来看，尽管德国一定程度上借鉴了英美的独立董事制度，逐渐在监事会中增加外部人员。但总体上，德国公司目前仍然采用双层制委员会进行内部控制。事实上，近年来，德国还加强了监事会对管理者的监督，从而使得内部控制更为有效（Hackethai，2003）。卢西恩·伯切克和马克·J·洛（Lucian Bebchuk and Mark J. Roe，1999）指出，即便德国修改其法律允许公司自愿选择公司治理结构，而不是强制要求采用双层制，其现有的双层制结构仍会有较强的持久力。因为双层制结构已经存在多年，由于路径依赖的原因，即便它是

---

① 青木昌彦、钱颖一：《转轨经济中的公司治理结构——内部人控制和银行的作用》，中国经济出版社 1995 年版。

无效率的，也仍然会持久下去。

综上，尽管目前德国金融体系的路径已经发生了重大变化，因此德国的公司治理改革代表了一种新的路径，但是，这一路径并非与其原先的路径完全不同。德国公司法并没有发生根本性的改变，共同决定机制等制度依然存在。因此，德国目前的公司治理制度是一个既包含了原先的银行导向制度。又包含了新的市场导向制度，因而是一个混合的模式（Deeg，2001）。

第二，日本的公司治理改革同样也表现出很强的路径依赖特征。例如，相关数据表明，在日本最大的公司中，银行和保险公司所持有的所有权几乎没有发生多少变化，并且，银行对公司治理仍然具有较大影响。从大型公司治理结构来看，在日本对商法进行修订、允许公司采用独立董事和委员会制度后，有许多日本企业反对采用美国公司治理模式，包括一些著名的企业拒绝采用独立董事制度。由此可见，尽管日本公司治理一定程度上借鉴了许多其他国家的做法，尤其是允许采用独立董事制度，但只能说明其公司治理发生了变化，总的说来，日本的公司治理仍然主要依靠内部控制、交叉持股、主银行制度等。因为，传统的终身雇佣制、年功序列、治理文化等一系列制度安排与其公司治理形成了强烈的互补关系，这决定日本现有的公司治理模式难以一次性彻底打破。

2. 外部市场控制模式的路径依赖和持久性

尽管英美公司治理一定程度上也向内部控制模式发生了趋同，但是，英美公司治理改革并未偏离其原先变革的路径，例如，相对于欧洲大陆，英美公司以市场为基础配置资源，实行公司治理的根本特征没有改变，股权集中度仍然较低；尽管不断加强独立董事制度和相关的专门委员会，但其仍然停留在完善董事会这一惯有的路径上，而没有采纳双层制；尽管利益相关者日益得到重视，但股东仍然是多数英美公司最为关心的对象。

综上所述，随着经济全球化的发展，出于改善各自国家公司治理结构的现实需要，英美外部控制模式与德日的内部控制模式有着趋同的种种迹象，但是必须明确的是，无论是外部控制模式还是内部控制模式，基本的法律构架并无实质变化，大家只是取长补短加以改进而已。公司治理趋同的动力越来越大，但由于公司治理制度本身具有的路径依赖特性，以及相关利益集团的反对，原先旧的公司治理机制具有强大的持久性，不同模式的公司治理在逐渐趋近的过程中，仍然没有完全改变其自身的特点。

四、

全球公司治理改革和趋同对中国的启示

一国的公司治理制度是建立在特有的文化、历史、经济发展、法律基础等因素基础上的，呈现出一定的路径依赖性。公司治理的改革只能在现有制度基础上渐进性改革，而且公司治理改革涉及一个国家的公司、证券法规、金融体系及其监管、会计信息披露等各种制度安排，改革牵一发而动全身，必须综合考虑。对于一个国家来说，只有那些在现有制度环境中容易实现和维持的公司治理模式得以采用。因此，各个国家在面临公司治理模式制度选择时，在很大程度上应考虑各种制度使用过程中的适应性成本，以及各种选择的制度之间的互补性和一致性，如图 3 - 1 所示。

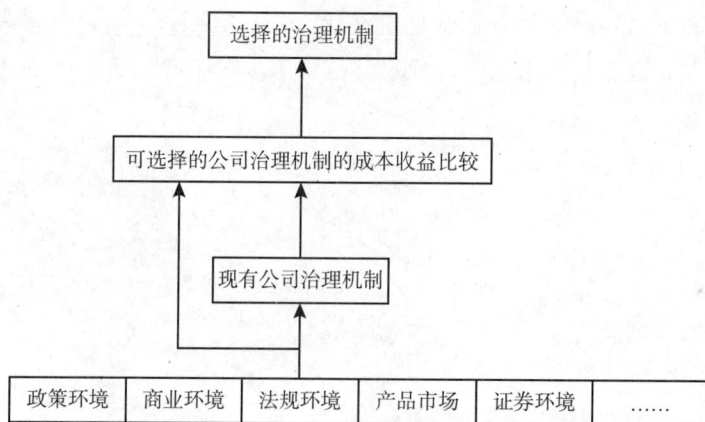

```
                    ┌──────────────┐
                    │  选择的治理机制  │
                    └──────┬───────┘
                           ↑
          ┌────────────────────────────────┐
          │  可选择的公司治理机制的成本收益比较  │
          └────────────────┬───────────────┘
                           ↑
              ┌────────────────────┐
              │   现有公司治理机制    │
              └──────────┬─────────┘
                         ↑
┌────────┬────────┬────────┬────────┬────────┬────────┐
│ 政策环境 │ 商业环境 │ 法规环境 │ 产品市场 │ 证券环境 │ ......  │
└────────┴────────┴────────┴────────┴────────┴────────┘
```

图 3 - 1　公司治理机制选择路线

尽管全球化某种程度上推动了公司治理趋同，相关国际组织也对公司治理协调发挥了积极作用，但公司治理完全趋同是一个相对的过程，完全的趋同将是长期、缓慢、渐进的，趋同的程度取决于目标模式的相对优越、国内各种力量的对比、经济发展水平、法律制度等因素，公司治理不能脱离各国的国情。因此，对于我国公司治理改革来说，在借鉴其他模式的时候需要从本国国情出发，应循序渐进，处理好移植制度与本国制度的关系，切不可随意照搬照抄，盲目引入。

本 章 小 结

20世纪90年代开始，全球化的影响，相关组织的推动，以及各种公司治理模式各自暴露出的弊端，使英美和德日在各自现有治理机制的基础上，通过互相学习和相互借鉴，进行了全球范围内的公司治理改革。公司治理全球改革的结果，是导致两种模式的公司治理出现了一定程度上的趋同。但是，无论是英美还是内部控制模式，其公司治理变革并没有完全偏离其原先的路径，而且还有各种利益集团对改革过程加以干扰（既有正向的也有负向的），因此，总的来说，不同模式的公司治理会发生一定程度上的趋同，但也可能会出现反向的逆流。公司治理的全球趋同进程不可能是一帆风顺的，而只能是一个渐进的过程。进一步说，由于各国相关制度的差异以及政治因素等的影响，公司治理的全球趋同不仅在短期内不可能实现，从长期来看，各种模式的公司治理也不可能发生完全的趋同，不同的公司治理模式只可能是求同存异。对于中国公司治理改革而言，应在我国现有公司治理架构的基础上，吸取发达国家公司治理的经验，立足国情，循序渐进。

第四章

中国经济转轨中公司
治理的历史演变

在中国经济体制由计划向市场转变的历史背景下，中国公司治理改革发端于中国国有企业的改革，在国有企业由行政附属向现代企业转变的过程中逐步发展，并随着资本市场从无到有以及上市公司群体的发展壮大而不断完善。

一、
中国经济转轨的历程

中国公司治理的演进和发展是在中国经济体制由计划经济向市场经济转变的历史背景下进行的，对中国经济转轨历程的梳理有助于理解中国公司治理的宏观经济背景。

（一）中国经济转轨的路径：渐进式改革

渐进式改革是中国经济转轨不同于苏联、东欧国家"休克疗法"的重大特点。苏联、东欧等国的"休克疗法"是价格改革、私有化改革、市场化改革在短期内一下子推开，通过旧体制的迅速"休克"而建立新体制。而中国的经济转轨则是通过部分的和分阶段的改革，在尽可能不引起社会震荡的前提下循序渐进地实现改革的目标。中国的渐进式改革，是一种从农村到城市、从沿海到内地、从非公有制经济到公有制经济、从局部到全局、从体制外到体制内的改革模式。渐进式改革的最大优点，在于最大限度地避免了改革过程中出现的各种摩擦与冲突，或者说最大限度地降低了改革成本。

（二）中国经济转轨的历程

1979 年以前，中国长期实行计划体制，国民经济发展缓慢，低收入人口与贫困人口大约占总人口的一半，温饱问题困扰着经济社会的进一步发展，严重影响社会稳定。同时，中国与发达国家和新兴工业化国家的差距越来越大。1978年年底，中共十一届三中全会确定了以经济建设为中心的基本方针，启动了改革开放与经济转型的历史进程，寻求经济的迅速发展成为中国进行经济改革的最根本的目的，并贯穿在经济转型的整个过程。从这个意义上说，中国经济转型是被"逼"出来的。中国经济的转轨大致经历了以下四个阶段。

1. 经济转型的起步（1978～1984年）

1978年12月，中共十一届三中全会拉开了中国经济改革的序幕。这个阶段的改革，仅仅把市场的引入仅仅是作为计划经济体制的补充而已，采取的是计划经济为主、市场调节为辅的改革模式，即在不改变社会主义计划体制的前提下，以市场调节作为辅助手段，对计划体制进行修补与完善。

在这个时期，农村改革是中国经济转型起步阶段的焦点和重点。首先，家庭联产承包责任制逐步取代人民公社制，实现了农村产权形式的重组，农民拥有了生产的控制权，弱化了计划在农业生产中的作用。其次，利用市场调节机制，将农业剩余劳动力配置到非农部门，提高了劳动力资源的配置和利用效率。在城市，从1981年起在国营企业中全面推广扩权让利的改革，扩大企业经营自主权。同时，创建经济特区，开放了14个沿海城市，开始用引进外资的办法，加快开发中国的劳动资源，又形成了另一股计划体制外的市场力量。

2. 经济转型的推进（1985～1992年）

1984年10月，中共十二届三中全会提出了"有计划的商品经济"的改革模式，标志着中国经济转型的推进和目标的转换。在这之后，中国启动了大规模城市经济体制改革，改革的重点转向城市。在这个时期，改革主线一是进行价格改革。通过价格双轨制的过渡改革，基本形成了市场经济的微观运行机制，大部分商品的价格开始由市场供求力量形成。二是进行所有制的初步改革。在所有制改革上，国有企业的所有制改革是整个改革的中心环节，通过承包制来实现所有权和经营权的分离。但是，承包制包赢不包亏，促使国有企业出现了短期行为的现象，国家利润远远赶不上企业利润的增长速度。同时，由于三资企业、乡镇企业迅速崛起，受到它们的挤压，在国有企业的经营机制没有实现根本转变的情况下，其两权分离的承包制改革探索逐渐陷入困境。随着1993年国家财税制度改革，国有企业税后利润全部留在企业，承包制随即在全国范围内全面停止。这个时期的改革由经济领域扩展到科技、教育等社会各个领域。对外开放进一步扩大，开放了珠江三角洲、长江三角洲和闽南三角地带。

3. 经济转型的定向（1993～2003 年）

1992 年 10 月，中共十四大确定了"建立社会主义市场经济体制"的改革目标，为中国经济转型指明了方向。这是中国告别传统计划体制的转折点，并形成不可逆转的市场化改革取向。在这一阶段，改革向纵深发展，重点是制度创新。1994 年根据"整体推进"战略进行财政体制、金融体制、企业制度和外汇管理体制等改革，建立新的社会保障体系，这些改革加强了中央政府的宏观调控能力，对改善企业的市场环境起到了重要的作用。与此同时，国企改革从放权让利和承包制转向建立现代企业制度的制度创新和有进有退、有所为有所不为的战略性布局调整。1997 年 9 月，中共十五大确定了"公有制为主体、多种所有制经济共同发展"的基本经济制度，认为国有经济比重的大小与社会主义性质并没有直接的关系。调整和完善所有制结构，成为经济改革的首要任务。为此，政府决定实施所有制结构调整的相关政策，完善所有制结构，寻找公有制实现形式的多样化，鼓励个体、私营等非公有制经济的发展，使之成为社会主义市场经济的重要组成部分，为社会主义市场经济构筑微观基础。改革以来率先形成多种所有制经济共同发展格局的东南沿海地区的经济获得了迅猛发展，出现了苏南模式、新苏南模式、温州模式、珠江模式等。这个阶段改革重点是国有企业围绕建立现代企业制度与建立市场经济制度框架展开的。

1994 年启动的全面改革直接推动了 20 世纪 90 年代中国经济发展的大步跨越，带来更加丰富的物质产品，社会消费品的普遍短缺现象消失。90 年代后期，中国出现了 600 多种主要工业品供过于求的局面，第一次从卖方市场转向买方市场，价格市场化改革取得了全面成功，基本建立了以市场价格机制调节经济活动局面，2006 年市场调节价占社会商品零售总额、农副产品收购总额和生产资料销售总额的比重分别为 95.3%、97.1% 和 92.1%。市场经济最终取得了经济运行的主导地位。

4. 经济转型的定型与深化（2003 年至今）

经过 20 世纪 90 年代的定向转型，中国基本上建立了一个将国内所有企业较规范地纳入市场化约束的相互对称的经济体系中，并建立了能够较为灵活地应对国际经济周期性变化的宏观调控体系。但是，20 世纪末 21 世纪初，中国社会主义市场经济体制的基本框架在规范的金融市场、法制体制等重要架构上并没有完全建立起来。2003 年以来，中国经济转型进入到体制完善与深化改革的新阶段，改革不仅要求中国社会主义市场经济与国际接轨，而且要求推进与经济体制相匹配的行政体制改革。在这时期，中国经济转型进入一个经济社会全面转型的新历史时期。它与此前经济转型的区别在于，转型开始从单一或部分领域（如经济领域）的转型进入到经济社会各领域的全面转型，经济结构和社会结构呈现为整体性的加速跃迁过程。

二、
中国国有企业的改革和发展

中国公司治理发展的基础就是中国国有企业的改革。中国国有企业改革大致可以概括为一个将经营决策权和剩余索取权从中央再分配给企业内部成员的渐进的过程。

（一）国企改革的初步探索（1978～1992年）

1. 国企改革起步于放权让利

作为经济体制改革的核心环节，国企改革开始于对国有企业进行扩权让利的改革试点，主要集中在两个方面：一是以计划经济为主，同时充分重视市场调节的辅助作用，调整国家与企业的关系；二是扩大企业自主权，并且把企业经营好坏同职工的物质利益挂起钩来，着眼于调动企业和职工的积极性主动性。但是，由于信息不对称，约束机制难以规范，出现了企业为扩大自销比例而压低计划指标、不完成调拨任务和财政上缴任务等问题，结果形成了"内部人"控制，出现了"工资侵蚀利润"和行为短期化问题。实践效果与改革预期出现了一定程度的背离。在这种情况下，1982年中央推广实行工业经济责任制，旨在解决放权让利中暴露的问题，处理好国家和企业之间的分配关系，解决大锅饭问题，在硬化企业预算约束，强化企业内部管理等方面收到了成效，尤其是国家财政赤字大幅减少。但是由于企业外部环境不平等，企业内部条件也千差万别，该政策很难找到可操作化的指标来规范国家与企业之间的责、权、利，企业激励不足问题十分严重。1983～1984年先后又两次推出利改税，但结果都很不理想。

2. 国企改革先后出现了多种形式

1984年，在"两权分立"理论的指导下，国企进行了多种形式的经济责任制改革。改革的主要措施是实行厂长（经理）责任制，并在大多数国有企业实行承包经营责任制，对一些小型国有企业实行租赁经营，并在少数有条件的全民所有制大中型企业中开始了股份制改造和企业集团化的改革试点。到1988年年底，全国共有 3 800 家股份制企业，其中 800 家由国有企业改制而来，60 家发行了股票，其余 3 000 家原是集体企业。1988 年 2 月，国务院更加明确了企业承包制在国有企业改革中的地位，规定了"包死基数，确保上交，超收多留，欠收自补"的承包原则。虽然承包制在当时取得了一定的成功，但是承包制的问题也逐渐暴露出来。1992 年以后国务院就不再鼓励企业搞承包。1992 年 7 月国务院公布了《全民所有制工业企业转换经营机制条例》。该条例根据两权分离的思路明确了企业经营权、企业自负盈亏责任、企业和政府的关系、企业和政府的法律责任等问题。但是很快人们就发现，仅靠企业内部转换机制，难以达到改革的预期目标。

3. 国企改革与价格体制改革等宏观经济改革同步进行

由于前期的改革是纯粹进行企业改革（扩大企业自主权），而没有进行配套的经济体制改革（如价格改革），使企业不能够得到及时灵活的价格信号指引，结果不但促进不了企业的效率，还容易使经济陷于混乱。所以，1984 年以后开始了对价格体制的改革，以不同形式、不同程度放开价格为主。在投融资体制上，中央进行了"拨改贷"改革、成立了国家国有资产管理局。20 世纪 80 年代中期，国家建设项目投融资体制从拨款改为贷款，国家不再给新建企业投入资本金。在监管体制上，1988 年 4 月，为了加强对国有资产的管理，理顺国家与企业的财产关系，国务院直属的国有资产管理局成立，行使国有资产所有者的代表权、监督管理权、投资和收益权、处置权。

此外，进入 20 世纪 80 年代后期，随着发行股票的企业增多，对股票交易的需求压力相应增大。经中国人民银行批准，上海（1986 年）和深圳（1987 年）先后建立了股票柜台交易市场。其后，两地先后于 1990 年和 1991 年成立了规范的证券交易所，主要在于缓解已经发行在外，且具有相当规模的股票交易需求的压力。据中国证监会的统计，从 1987 年至 1990 年末，我国共向社会发行了可流通股 47 亿股，筹集资金 47 亿元。资本市场的建立不仅为国企改革提供了融资渠道，还为将来国企改革的深化奠定了基础。

与国有企业改革密不可分的是非公经济的改革，个体和私营企业在中央的默许和"看一看"的宽容政策支持下，通过自我发展与实践，取得了非凡的成就。地方的成功实践获得了中央的认可，进而推动了所有制结构的巨大变革，个体和私营经济成为所有制结构的一部分。外资经济在政策的鼓励下也获得了一定程度的发展。

（二）　国企改革的制度创新（1993～2003 年）

20 世纪 90 年代初，社会主义制度下计划和市场的关系问题使改革陷入发展的僵局。同时，最大的社会主义国家苏联的解体对社会主义制度形成了巨大冲击。触及计划体制本身的改革势在必行，国企改革由此进入了第二个阶段。

1. 国有企业战略性改组与国有经济布局调整

1993 年 11 月，中共十四届三中全会通过了《中共中央关于建立社会主义市场经济体制若干问题的决定》，明确指出，我国国有企业的改革方向是建立现代企业制度，要求通过建立现代企业制度，使企业成为自主经营、自负盈亏、自我发展、自我约束的法人实体和市场竞争主体。1995 年后，我国以市场和产业政策为导向，搞好大的，放活小的，把优化国有资产分布结构、企业结构同优化投资结构有机结合起来，采取改组、联合、兼并、股份合作、租赁、承包经营和出售等多种形式，把小企业直接推向市场，使一大批小企业机制得到转换，效益得到提高。此外，一大批新型的民营企业从自身发展的需要出发，参与国有企业改革。通过兼并、收购、投资控股、承包、租赁、委托经营等改革举措，将非公有制经济的管理理念和管理方式融入国有经济运行中，盘活了大量的国有资产。特别是中共十五大肯定股份合作制和提出调整所有制结构后，各地国有中小国企改革的步子加快，改制企业的比重迅速上升。

2. 国企解困始终是 20 世纪 90 年代国企改革的主题

进入 20 世纪 90 年代中后期，与非公经济迅速发展形成鲜明对照的是，国有企业由于高负债率、冗员多、社会负担重、摊派严重、员工积极性不高等原因，陷入了发展的困境，效益逐年下滑，亏损面逐年增大的。为了给国有企业解困，中央推出了多项政策，包括兼并重组、主辅分离及债转股等。其中，影响最大的是结合国有商业银行集中处理不良资产的改革，成立四家专门的金融资产管理公司，对部分符合条件的重点困难企业实施"债权转"股权改革。到 2000 年，最后确定了对符合条件的 580 户国有大中型企业实施债权转股权，涉及债转股总金额 4 050 亿元。已实施债转股的企业，资产负债率明显下降，由原来的 70% 以上下降到 50% 以下，这些企业每年减少利息支出 200 亿元。此外，国务院还采取其他一些有效措施，努力解决企业冗员过多、企业办社会等问题，主要是将国有大中型企业的附属普通中小学校和医院等社会负担逐步分离或独立出来，转移到地方，由当地教育和卫生部门进行管理，取得了较好的效果。

3. 股份制和公司制试点的推进

股份制试点在 1986 年就被提出了，但当时是为了增强企业活力，仅针对少数有条件的大中型全民所有制企业。1992 年国务院颁布了《股份制企业试点办法》、《股份有限公司规范意见》、《有限责任公司规范意见》、《股份制试点企业财务管理若干问题的暂行规定》等 11 个法规，引导股份制试点走向规范化。1994 年，为了落实《中共中央关于建立社会主义市场经济体制若干重大问题的决定》的精神，国家经贸委、体改委会同有关部门，选择 100 户不同类的国有大中型企业，进行建立现代企业制度的试点。随后，全国各地根据本地区的实际情况，先后选定了 2 500 多家国有企业参与现代企业制度试点。1997 年试点企业普遍进行了公司制改造，经过一年的实施，全国 2 343 家现代企业制度试点企业，共有 84.8% 的企业实行了不同形式的公司制，法人治理结构已初步建立。在现代企业制度试点企业中，改制为股份有限公司的有 540 家，占 23%；改制为国有独资公司的 909 家，占 38.8%；尚未实行公司制的国有独资企业有 307 家，占 13.2%；其他类型企业有 47 家，占 2%。

　　1994 年，在进行现代企业制度的试点的同时，国家经贸委在 18 个城市进行"优化资本结构"的配套改革试点。试点的主旨为以市场为依托，在整体推进国有企业转换经营机制的前提下，采取多种政策，通过破产、兼并探索建立国有企业优胜劣汰机制，在补充企业资本金、减轻企业债务负担，分离社会服务功能，分流富余人员，资产多元化等方面实现了重点突破，尤其是在企业破产、兼并和职工再就业方面取得了一定成效。国务院逐步扩大了"优化资本结构"试点范围，1996 年增加到 58 个城市，1997 年扩大到 111 个城市。"优化资本结构"试点虽然取得了一定的成效，但是由于国有企业亏损面太大，亏损额太高，无法从根本上为国企解困。

4. 利用与发展资本市场

　　投融资体制实行"拨改贷"之后，随着国有企业经营亏损日益增加，银行对国有企业的不良贷款率不断攀升，间接融资渠道很难满足国有企业改革资产重组、规模扩张等的融资需求，此外，解决国有企业历史遗留的过度负债和财产损失需注入庞大的资金，在国有企业改革中，仅靠银行的间接融资已难以满足其巨大的资金需求。因此，通过资本市场发展直接融资是必然的出路。中共十四届三中全会的提出《中共中央关于建立社会主义市场经济体若干问题的决定》指出，要利用资本市场积极稳妥地发展债券、股票融资。同时，资本市场的发展有利于现代企业制度的建立。因为企业为了自己的股票能够上市，利用直接手段来融资，必须按照《公司法》要求，对企业进行公司制的改造，并完成上市公司的规范操作。在利用资本市场解决国企改革的融资问题的过程中，一方面大力发展国内的资本市场，另一方面让一些企业走出去，在国际资本市场上进行融资。

5. 国企改革与整个国民经济改革相结合

建立现代企业制度的国企改革是与国家宏观经济改革结合进行的。在所有制结构上确立了非公经济的重要地位；在分配制度上确立了按劳分配为主，多种分配形式并存的分配方式；价格体制改革进一步深化，提出了建立社会主义市场价格体制的目标；改革外贸、外汇管理体系；在社保制度改革方面，纷纷出台养老保险、医疗保险、住房制度等政策，为企业解除后顾之忧；企业富余人员、下岗失业职工再就业政策给解困工作创造条件；国债补贴技改，促进了企业的技术进步等。

（三）国企改革的纵深推进（2004 年至今）

中共十六大之后，现代企业制度建设的继续深化、国有资产管理方式的变化和资本市场的改革使我国的国企改革进入了一个新的阶段。

1. 国有资产管理体制改革的深化

2002 年 11 月，中共中央在十六大报告中提出了深化国有体制改革的重大任务，明确要求中央和省、直辖市、自治区，两级政府设立国有资产管理机构，成立专门的国有资产管理机构，改变部门分割行使国有资产所有者职能。此后的十六届三中全会也提出，要建立健全国有资产管理和监督体制。国资委成立后明确所管辖的大型国有企业要吸引外资和社会资金，实行产权多元化，可以上市募集资金，而且鼓励整体上市，以保持和增加企业的整体实力。许多大型企业正在剥离社会职能部分，过去一阶段是剥而不离，仍由企业自己管理，现在有的正逐步移交社会；在企业内部实行主辅分离，使各部门面向社会，成为独立经营的实体，企业同国资委分别签订责任书，对领导班子进行考核。

2. 各种所有制企业关系的处理

这一阶段，如何处理非公经济与公有制经济的关系问题成为了理论探讨和政策制定的重点。非公经济经过多年的发展逐步壮大起来，在许多领域占有绝对优势，非公经济的地位和作用在改革中得到了进一步提升，出现了个体、私营、外资与公有制经济相互渗透、相互融合的趋势，如非公经济在行业分布上从以制造、建筑、运输、商贸和服务业等领域为主，已经开始向基础设施、公共事业等领域拓展。非公经济与公有制经济之间的冲突时有发生，如石油行业的民营资本问题。此外，外资企业在我国的发展也迅速膨胀，外资的并购问题成为了各界关注的热点。非公经济遇到了重新定位和判断的问题，发展面临巨大的挑战。为了正确处理非公经济与公有制经济的关系，2005 年 2 月国务院发布《关于鼓励支持和引导个体私营等非公有制经济发展的若干意见》（简称"非公 36 条"）。该政策一定程度上给予了非公经济更大的发展空间，并扫除了人们对非公经济去向问题的担忧。

3. 国企改革与资本市场的改革同步进行

建立现代企业制度，实现国有经济的战略性重组，迫切需要资本市场提供有力的金融支持与有效的金融服务。资本市场对于国企改革而言非常重要。一方面，改革开放的深入、非公经济的发展、经济全球化推动的国际资本的流动，使民间积累了大量资本。另一方面，"拨改贷"之后，国企直接融资渠道越来越窄，资本市场是国有企业理想的融资平台。此外，资本市场有利于国有企业治理结构的完善，有利于现代企业制度的建立。但是，我国资本市场中股权分置的先天缺陷严重制约其健康发展，投资、融资、定价和资源配置的功能逐渐被弱化，面临边缘化的危机。对资本市场先天缺陷的改革对于国有经济改革越来越重要，其中最主要的就是股权分置改革。2005 年 4 月中国证监会启动了股权分置改革试点工作。到 2006 年年末，股权分置改革基本完成，资本市场的功能逐渐回归。资本市场的功能回归，吸引了大量沉睡已久的民间资本，强烈的投资需求必然会引来更多的优质资产和公司进入资本市场，以获取资本，实现资本的增值。因此，股权分置改革成功后，随着资本市场体制的逐渐完善，资本市场将成为一个全国优质资产的吸纳器，为国企改革提供了一个全国范围的资源配置平台，企业之间的大额换股并购有了可能。这对于国有经济的战略性结构调整，非公资本参与国企改制、产业整合，都有积极的影响。而且，国有资本的市场价值和市场价格可以在资本市场获得公允的定价，股价有条件成为新的绩效考核标准。一直以来无论是考核国有资产保值增值，还是进行国有资产转让，最重要的参考指标都是净资产。但这一指标并不能反映国有资产的真实价值。因此，资本市场的巨大变革将非常有利于国企改革向纵深推进。

三、

中国资本市场的发展历程

（一）中国资本市场的萌生（1978～1992 年）

1978 年经济体制改革开始，随着经济体制改革的推进，企业对资金的需求日益多样化，中国资本市场开始萌生。20世纪80年代初，城市一些小型国有和集体企业开始进行了多种多样的股份制尝试，最初的股票开始出现。1981年7月我国重新开始发行国债。1982年和1984年，最初的企业债和金融债开始出现。

随着国家政策的进一步放开，股票发行规模越来越大，股票持有者转让变现的需求也越来越大，私人转让一度十分流行。证券发行的增多和投资者队伍的逐步扩大，证券流通的需求日益强烈，股票和债券的柜台交易陆续在全国各地出现，二级市场初步形成。1990年国家允许在有条件的大城市建立证券交易所，上海证券交易所、深圳证券交易所于1990年12月先后营业。伴随着一、二级市场的初步形成，证券经营机构的雏形开始出现。1987年9月，中国第一家专业证券公司——深圳特区证券公司成立。1988年，为适应国库券转让在全国范围内的推广，中国人民银行下拨资金，在各省组建了33家证券公司，同时，财政系统也成立了一批证券公司。1990年10月，郑州粮食批发市场开业并引入期货交易机制，成为中国期货交易的开端。

由于在股份制改制初期，股票发行缺乏全国统一的法律法规，也缺乏统一的监管，股票发行市场也出现了混乱。1992年1~2月邓小平南方谈话提出"中国确立经济体制改革的目标是建立社会主义市场经济体制"，明确了股份制成为国有企业改革的方向，更多的国有企业实行股份制改造并开始在资本市场发行上市。

在这个阶段，源于中国经济转轨过程中企业的内生需求，中国资本市场开始萌生。在发展初期，市场处于一种自我演进、缺乏规范和监管的状态，并且以区域性试点为主。深圳"8·10事件"①的爆发，是这种发展模式弊端的体现，标志着资本市场的发展迫切需要规范的管理和集中统一的监管。

（二）全国性资本市场的形成和初步发展（1993~1998年）

在邓小平南方谈话的推动下，中国证券市场开始获得快速发展。1993年，股票发行试点正式由上海、深圳推广至全国，打开了资本市场进一步发展的空间。

完善监控机制是这一时期的主要举措之一。1992年10月，国务院证券管理委员会和中国证券监督管理委员会（以下简称"国务院证券委"和"中国证监

---

① 新股超额利润的魔力，吸引了数以百万计的中国人对新股的疯狂抢购。到1992年8月，当深圳发售新股抽签表时，100多万股民汇聚深圳，展开了抢购新股。由于这次发售的组织工作存在重大失误，致使许多网点发生严重舞弊行为。少数人开始行使暴力，砸汽车、砸摩托、攻击执勤干警，在混乱中出现了伤亡。

会"）成立，标志着中国资本市场开始逐步纳入全国统一监管框架，区域性试点推向全国，全国性市场由此开始发展。1997 年 11 月中国金融体系进一步确定了银行业、证券业、保险业分业经营、分业管理的原则。1998 年 4 月，国务院证券委撤销，中国证监会成为全国证券期货市场的监管部门，建立了集中统一的证券期货市场监管体制。中国证监会成立后，在其强有力的介入下，各地市场规则很快建立起来，随着《股票发行与交易管理暂行条例》、《公开发行股票公司信息披露实施细则》、《禁止证券欺诈行为暂行办法》、《关于严禁操纵证券市场行为的通知》等一系列证券期货市场法规和规章的建设，我国资本市场法规体系初步形成，资本市场的发展初步走上规范化的道路。

伴随着全国性市场的形成和扩大，证券中介机构也随之增加。到 1998 年年底，全国有证券公司 90 家，证券营业部 2 412 家。从 1991 年开始，出现了一批投资于证券、期货、房地产等市场的基金（统称为"老基金"）。1997 年 11 月，《证券投资基金管理暂行办法》颁布，规范证券投资基金的发展。同时，对外开放进一步扩大，推出了人民币特种股票（B 股），境内企业逐渐开始在香港、纽约、伦敦和新加坡等国际市场上市；期货市场也得到初步发展。随着市场的发展，沪、深交易所交易品种逐步增加，由单纯的股票陆续增加了国债、权证、企业债、可转债、封闭式基金等。

在这个时期，国家采取了额度指标管理的股票发行审批制度，即将额度指标下达至省级政府或行业主管部门，由其在指标限度内推荐企业，再由中国证监会审批企业发行股票。在交易方式上，上海和深圳证券交易所都建立了无纸化电子交易平台。

在这个阶段，统一监管体系已初步确立，中国资本市场从早期的区域性市场迅速走向全国性统一市场，相关的法律法规和规章制度也已经搭建，资本市场得到了较为快速的发展。但是，由于相关法规机制尚在初创期，监管机构在理念上与实际操作经验上还有很多欠缺，国家政策对资本市场干预明显，导致整个市场利用市场监管漏洞投机之风泛滥，投资者更倾向于利用机制的漏洞和监管疏漏进行投机套利。这样，导致了上市公司的外部治理机制整体上没有发挥足够的作用，而由于上市公司大多是由国有企业改制而成，财务粉饰、过度包装问题严重，同时国有企业和行政权力又有千丝万缕的联系，使得高度集中的行政权力反而成为寻租的源头。在这种治理缺位的状态下，公司治理危机频发。最后这一治理危机造成了严重的市场波动。但是，尽管存在很多问题，股市的发展仍然十分迅速，上市公司数量、投资者开户数、股票市价总值、流通市值、股票成交金额都有大幅度增长，资本市场在国民经济中的作用越来越大。

（三）资本市场的进一步规范和发展（1999年至今）

自1999年开始，我国资本市场进入了新的阶段，这一阶段在继续丰富交易品种、推进股权分置这一市场根本改革的同时，着重对资本市场的运作进行规范和完善，对资本市场本身和资本市场主体特别是上市公司的治理做了很多实质性的努力，推动了延续至今的资本市场治理完善过程。

监管体制方面，自1998年建立了集中统一监管体制后，为适应市场发展的需要，证券期货监管体制不断完善，实施了"属地监管、职责明确、责任到人、相互配合"的辖区监管责任制，并初步建立了与地方政府协作的综合监管体系。与此同时，执法体系逐步完善。中国证监会在各证监局设立了稽查分支机构，2002年增设了专司操纵市场和内幕交易查处的机构。2007年，适应市场发展的需要，证券执法体制又进行了重大改革，建立了集中统一指挥的稽查体制。

在改革初期，资本市场发展过程中积累的遗留问题、制度性缺陷和结构性矛盾也逐步开始显现。从2001年开始，市场步入持续4年的调整阶段：股票指数大幅下挫；新股发行和上市公司再融资难度加大、周期变长；证券公司遇到了严重的经营困难，到2005年全行业连续4年总体亏损。为了积极推进资本市场改革开放和稳定发展，国务院于2004年1月发布了《关于推进资本市场改革开放和稳定发展的若干意见》（以下称《若干意见》），此后，中国资本市场进行了一系列的改革，完善各项基础性制度，主要包括实施股权分置改革、提高上市公司质量、对证券公司综合治理、大力发展机构投资者、改革发行制度等。经过这些改革，投资者信心得到恢复，资本市场出现转折性变化。

其中，在市场结构方面影响最为深远的股份分置和发行体制的改革。我国以1999年10月开始的国有股减持为始端，开始了股市全流通的实践探索，其后虽引发股市暴跌而暂停，但探索从未止步。2005年4月，中国证监会启动了股权分置改革。股权分置改革旨在解决上市公司公开发行前股东所持股份暂不流通上市的历史遗留问题。截至2007年年底，沪、深两市共1 298家上市公司完成或者已进入股改程序，占应股改公司的98%，股权分置改革基本完成。2001年我国股票发行开始实施核准制，迈出了由行政主导向市场主导转变的关键一步。从2003年起，监管部门采取了一系列新股改革措施：推行证券发行上市保荐制度；提高发行审核工作透明度；取消股票发行价格核准制，推行市场询价制度。2006年开始，对全流通模式下的新股发行制度进行了全面安排，包括大型企业境内外同时发行上市、引入战略投资者、超额配售选择权等制度安排。我国公司估值体系与国际标准趋于一致，股票市值、市盈率等指标逐步成为资产定价、股权转让、企业绩效考核的重要参考。2009 年 6 月，证监会启动新一轮新股发行体制改革，完善询价和申购机制，优化网上发行制度安排，重视中小投资者的参与意愿，加强风险揭示，同时取消了对新股定价的窗口指导。2010 年 10 月推出了第二阶段改革措施。

在这一时期，多层次资本市场体系建设稳步推进。近几年，中国证监会积极引导优质大型企业在交易所上市，壮大主板市场，积极推动中小企业板发展壮大，市场的资源配置作用和融资功能得到大幅提升。同时，债券市场得到初步发展，中国债券市场规模有所增加，市场交易规则逐步完善，债券托管体系和交易系统等基础建设不断加快。期货市场开始恢复性增长，2007 年 3 月，修订后的《期货交易管理条例》发布，将规范的内容由商品期货扩展到金融期货和期权交易。另外，可转换公司债券、银行信贷资产证券化产品、住房抵押贷款证券化产品、企业资产证券化产品、银行不良资产证券化产品、企业或证券公司发行的集合收益计划产品以及权证等新品种出现，丰富了资本市场交易品种。

此外，完善治理机制、针对上市公司的治理和规范已经成为这一时期监管的工作重心。2002 年 1 月，证监会发布了《上市公司治理准则》，针对我国上市公司治理存在的问题提出了一套兼具原则性与操作性的措施。之后，对上市公司发行证券及证券交易各个环节的信息披露、资金往来和对外担保等问题都作了具体规定，有效地规范了上市公司的行为。

随着 2001 年 12 月中国加入世界贸易组织，中国资本市场也开始对外开放。这一时期，合资证券期货经营机构大量设立；合格境外机构投资者（QFII）与合格境内机构投资者（QDII）机制相继建立；大型国有企业集团重组境外上市继续推进；外商投资企业被允许在境内发行股票和债券，外国投资者还可以根据《外国投资者对上市公司战略投资管理办法》等规定对 A 股市场的上市公司进行战略投资。同时，中国证券监管国际合作也进一步扩大。

四、

中国公司治理制度的历史演变

中国的国有企业改革是一个从国家与企业的经营权的分配，到所有权和控制权的分离，最后实现产权改革的逐步摸索发展的过程，公司治理也在这个过程中逐步形成、发展和完善。

公司治理产生的主要原因是两权分离。我国国有企业所有权和经营权的分离、政企分开等问题在 1984 年党的十二届三中全会以后，在理论上取得了突破。1988 年出台的《全民所有制工业企业法》首次以法律形式确定了国有企业独立的法人地位，规定了厂长作为企业的法人代表，具有相应的经营决策权。此时的两权分离虽然给予了厂长经营权，起到了一定的激励作用，但是在国家拥有所有权的情况下，所有者缺位，也没有有效的机制保障所有者的权益。随着20世纪80年代末90年代初全国"公司热"的发展，规范公司的发展已经十分必要。国家体改委于1992年5月发布了《股份有限公司规范意见》和《有限责任公司规范意见》，这两个文件首次以部门规章形式，确定了我国现代企业制度下的公司组织形式，对公司设立与运作的有关问题作了比较详细的规定，为形成中国特色的公司治理结构提供了基本规范。

产权改革和现代公司制度的建立，是我国公司治理发展的里程碑。1993年，党的十四届三中全会通过了《中共中央关于建立社会主义市场经济体制若干问题的决定》，提出建立现代企业制度是发展社会化大生产和市场经济的必然要求，是中国国有企业改革的方向，并明确指出"规范的公司，能够有效地实现出资者所有权与企业法人财产权的分离，有利于政企分开、转换经营机制，企业摆脱对行政机关的依赖，国家解除对企业的无限责任；也有利于筹集资金、分散风险"。1993年12月，第八届全国人大常委会第五次会议通过了《中华人民共和国公司法》，以法律的形式对公司治理结构作了规定，1994年7月《公司法》正式实施，这标志着现代企业制度被中国纳入到法制化、规范化的轨道，确定了股东大会、董事会、监事会和经理的地位和职责，明确了所有者、监督者、经营者的权利和义务，为建立和完善公司治理结构提供了法律保障。《公司法》初步建立起了具有中国特色的双层公司治理结构和内部治理机制，其中董事会负责执行职能，监事会对董事会进行监督和制约。

在公司治理发展的过程中，中国的证券市场也在同步发展，公司治理提升会促进证券市场的发展，而证券市场的发展也是促进公司治理改进的重要原因。同时，证券市场发挥了重要的外部治理作用，其主要体现在融资机制、价格机制和并购机制三个方面。而且，政府和监管部门也依靠法律、法规和行政手段对上市公司的运作进行规范，促使上市公司提升公司治理水平，合规地进行公司治理决策，及时完整地进行信息披露。1993年，国务院相继发布了《股票发行与交易暂行条例》和《公开发行股票公司信息披露实施细则（试行）》对上市公司股票发行和信息披露作了专门的规定，上市公司必须根据规定公开披露上市报告书、定期报告、临时报告等。证券监管部门为改善上市公司治理出台了一系列法规和条例，如《上市公司章程指引》、《上市公司股东大会规范意见》、《关于在上市公司建立独立董事制度的指导意见》等。政府和企业开始认识到股权结构规范化对上市公司治理结构的重要意义，并且开始重视外部监督机制。

然而，由于绝大多数大中型股份公司是国有企业进行股份制改组后形成的，国家或国有公司在这些公司持有的股份占控股地位，许多从国家所有制转轨而来的股份公司仍然承袭了传统国有企业的经营管理理念和机制，公司治理以行政型治理为主占而且由于治理机制不够完善，企业经营人员尤其是经理人员获取了过大的不受约束和控制的权力，并由此产生了严重的腐败问题。针对这些问题，2002 年年初通过了《上市公司治理准则》，对完善我国公司治理制度具有重要的意义。独立董事和董事会专业委员会被引入，希望能够部分解决公司内部制衡缺乏的问题，并弥补监事会的监督作用。早在 1999 年，中国证监会等部门开始要求境外上市公司设立独立董事，但直到 2002 年《上市公司治理准则》发布，才开始强制实行独立董事制度。指导意见规定在 2002 年 6 月 30 日之前上市公司独立董事人数不少于两人，在 2003 年 6 月 30 日之前上市公司独立董事人数应占到公司董事人数的 1/3 以上。《上市公司治理准则》第五十二条规定：上市公司董事会可以按照股东大会的有关决议，设立审计、战略、提名、薪酬与考核委员会等专业委员会。近年来，设置提名、薪酬、战略和审计委员会的上市公司的比例逐年增加，到 2012 年已经都达到 90% 以上。

与此同时，社会公众股股东的利益保护成为社会关注的焦点，《上市公司治理准则》首次在上市公司董事和监事选举中引入了累积投票制。累积投票制有助于防止大股东完全垄断、操纵董事会和监事会，使董事会和监事会成员多元化，以保护中小股东的权益。但是，当时没有相关实施细则或操作指引，上市公司对该制度的含义理解各异，具体实施过程中产生了不少问题。2004 年，证监会发布的《关于加强社会公众股股东利益保护的若干规定》进一步加强了对中小股东的保护，出台了几项保护措施。一是分类表决制度，即对一些上市公司的重大事项，除了经股东大会表决通过后，还要经参加表决的社会公众股股东所持表决权的半数以上通过，方可实施或提出申请。二是网络表决机制，即上市公司应积极采取措施，提高社会公众股股东参加股东大会的比例，鼓励上市公司召开股东大会时，除现场会议外，向股东提供网络形式的投票平台。上市公司应切实保障社会公众股股东参与股东大会的权利。

2005 年 11 月，新《公司法》引入表决权约定制和表决回避制，并规定"股东会议由股东按照出资比例行使表决权；但是，公司章程另有规定的除外"。公司章程可以对股东表决权的根据作出其他规定。股东表决回避制度要求当股东与股东大会讨论的决议事项有特别的利害关系时，该股东或代理人均不得就其持有的股份行使表决权。表决权回避制度限制了大股东利用其控制地位伤害小股东利益的行为，以保护小股东的权益。

2005 年之前，中国一直尝试着通过国有股减持来推进国有企业的改革和发展，如 1999 年通过的《中共中央关于国有企业改革和发展若干重大问题的决定》

以及 2001 年发布的《减持国有股筹资社会保障资金管理暂行办法》。由于上述文件下达后股票市场暴跌，很快证监会宣布停止执行相关规定，停止减持国有股。证券市场的反应使管理层逐渐认识到国有股减持政策的敏感性，国有股减持必须先解决股权分置问题。股权分置是中国经济转轨和资本市场发展过程中出现的特殊现象；由于股权分置资本流动存在非流通股协议转让和流通股竞价交易两种价格，不仅扭曲了资本市场定价机制，资本运营缺乏市场化操作基础，制约了资本市场资源配置功能的有效发挥，而且公司股价难以对大股东、管理层形成市场化的激励和约束，公司治理缺乏共同的利益基础。2005 年 4 月发布了《关于上市公司股权分置改革试点有关问题的通知》，股权分置改革正式启动。股权分置改革旨在解决上市公司公开发行前股东所持股份暂不上市流通的历史遗留问题。股权分置改革使国有股、法人股、流通股利益分置以及价格分置的问题不复存在，各类股东享有相同的股份上市流通权和股价收益权，各类股票按统一市场机制定价，并成为各类股东共同的利益基础。

除股权分置外，大股东及其关联方侵占上市公司资金也严重影响了上市公司的健康发展，为解决这一问题，证监会联合地方政府和有关部门开展"清欠"活动，严格限制控股股东及其他关联方占用上市公司资金，并建立长效机制，防止此类事情再次发生。

2006 年，修订后的《公司法》和《证券法》同时实施。新修订的《公司法》完善了公司治理结构，健全了股东合法权益和社会公共利益的保障机制，强化了实际控制人、董事、高管和监事的法律义务与责任，改进了公司融资制度和公司财务会计制度，完善了公司合并、分立和清算制度，在保护债权人合法权益的基础上，为公司重组提供便利。新修订的《证券法》完善了证券发行、交易和等级结算制度，为建立多层次资本市场体系留下了空间；完善了上市公司的监管制度；提高了发行审核透明度；建立了证券发行上市保荐制度；增加了上市公司控股股东和实际控制人，上市公司董事、监事、高级管理人员诚信义务的规定和法律责任；加强了对投资者特别是中小投资者权益保护，建立证券投资者保护基金制度，明确对投资者损害赔偿的民事责任制度等。

2006 年年底，股权分置改革和"清欠"任务基本完成。2007 年 3 月，证监会启动了为期 3 年的加强上市公司治理专项活动，查找上市公司治理方面的问题，重点解决了大股东对上市公司资金的占用，上市公司与控股股东在资产、人员等方面未完全分开，上市公司董事会、股东大会以及监事会运作不规范，上市公司内部控制制度不健全等问题。通过专项治理活动，上市公司规范运作意识明显增强，治理水平有了较大的提高。

本 章 小 结

　　中国公司治理是在中国经济体制由计划向市场转变的历史背景下，随着国有企业由行政附属向现代企业转变的过程中逐步发展，并随着资本市场从无到有以及上市公司群体的发展壮大而不断完善。在中国公司治理改革的过程中，中国公司治理制度是随着对资本市场每一个发展阶段所遇到主要问题的解决而逐步建立起来的。

第五章

中国经济转轨中公司治理的
现实考察

一、
中国经济转轨中公司治理的外部环境现状

（一）中国公司治理的经济环境现状

1. 经济体制改革的现状

改革开放 30 多年来，中国经济取得了长足的发展，改革取得了明显的成效，初步建立了社会主义市场经济的基本框架。主要特征是：

第一，中国目前的经济体制是在国家强有力调控下的市场经济体制。一方面，中国拥有强有力的行政机构，政府拥有较强的行政权力，对市场运行的规则制定握有相当的主动权，对相关政策的制定与调整拥有较大的权责，对资本、矿产等关键资源的配置拥有较大的权力，甚至可以直接动用行政手段对企业并购、经理人任免等经营行为作出调整。另一方面，中国市场经济框架基本建成，产品、服务、资本、人才等市场基本资源的配置等基本实现市场化定价。企业的产品和服务销售，经营管理、投融资等都借助于市场完成。因此，政府调控基本借助于市场，有时作为市场参与者，通过交易行为、股东行为调控市场；有时作为监管者和服务者，通过行政手段影响市场主要参数，或制定市场运行规则，间接完成政府目标。

第二，以公有制为主体、多种所有制经济共同发展的格局基本形成。改革开放以前，中国经济基本上是单一的公有制经济。1978 年，国内生产总值中公有制经济占 99%，非公有制经济仅占 1%。1997 年，中共十五大进一步提出，"公有制为主体、多种所有制经济共同发展，是中国社会主义初级阶段的一项基本经济制度"。通过积极调整和完善所有制结构，各种所有制经济在国民经济中的比重发生了深刻变化，非公有制经济已经成为中国国民经济的重要力量。但是，大量国有企业的并购重组，使得政治资源、信贷金融资源、股市募集资金的特权和中央政府投资项目的独揽特权都汇集到某些大企业手中。而民营企业还是很难获得公平竞争机会。

2. 国际、国内经济形势现状

宏观经济环境是影响中国公司治理的特征及其发展的深层次因素之一。从国际宏观经济形势来看，目前次贷危机的影响尚未完全消退，欧债危机又进一步拖累了经济增长。欧元区的葡萄牙、希腊等国出现了负增长，德国、英国和法国增长速度下降。欧债危机和美国经济增长乏力导致这些国家为保护深陷危机中的本国企业，以及获得选民的支持，设置了更多的贸易壁垒，贸易歧视和争端日益加剧。受国际宏观经济形势的影响，我国 2011～2012 年国内宏观经济形势也呈现出以下特征：一是经济增长速度放缓；二是投资仍然是拉动经济发展的主要因素，进出口贸易增长速度正在减缓，居民消费减速增长。

金融危机的冲击和接踵而来的欧债危机等严峻的国际经济与金融形势，给全球金融机构的治理敲响了警钟，也使得中国的公司在资本市场和产品市场上都面临更大的不确定性。在国际金融形势动荡、经济形势稳中趋降的过程中，国外投行频频狙击一些赴境外上市的公司，这些公司过去潜藏的公司治理问题浮上水面，造成了在资本市场上重大的声誉和投资损失；而国内公司的公司治理，在应对宏观经济冲击的举措中，既显示了持续改进而带来的治理效力，也暴露了治理机制的隐患与问题。例如，在经济增速减缓时，为了确保利润增速，一些治理机制不够完善的上市公司加大了盈余管理的力度，在资本市场不景气的情况下，为获得融资不惜进行财务粉饰等活动。

3. 资本市场发展现状

我国目前已经形成了由股票市场、债券市场、金融衍生品市场等组成的资本市场体系，形成了包括中国人民银行、政策性银行、商业银行、保险公司、券商投行、贷款公司和投资公司多元化主体的金融体系，市场监管制度和运作机制日益完善。截止到 2011 年年底，中国拥有 2 家证券交易所（上海证券交易所和深圳证券交易所）、4 家期货交易所（上海期货交易所、大连商品交易所、郑州商品交易所以及 1 家金融期货交易所（即中国金融期货交易所）。建立了包括主板、创业板、证券公司代办股份交易系统在内的多层次的证券市场体系，提供股票（A 股、B 股、H 股）、债券、股指、商品期货、权证、基金、金融衍生品等多种产品的交易业务。目前，中国债券市场主要组成部分是银行间市场、交易所市场和商业银行柜台市场三部分，其中银行间市场的债券存量和交易量占全市场的90%。中国的金融衍生品市场还有待发展，2010年才引入股指期货交易，目前衍生品市场的主要产品是外汇和人民币衍生品，人民币外汇掉期业务约占人民币外汇衍生品市场的96.2%。中国2011年年底的期货市场共有27个交易品种，其中一个是金融指数品种。

由于中国资本市场首先由政府推动，而非自发建立，并且其设立初衷是为解决国有企业改革中的困难，加之相对于成熟资本市场而言，成立时间较短，因而具有如下一些转型经济的特征：中国证券市场的监督管理过程中政府干预较为严重。证券交易所作为证券监管当局的直属部门，经营管理上存在行政化的倾向；管理层由证监会指定或派出，理事会形同虚设；管理当局直接干预甚至指挥交易所的活动；秉承政府的旨意或为自身的目的干预市场活动。在功能上，它既是一个集中交易场所，又是由众多证券从业机构组成的市场中介组织；它既是市场运营组织，又是市场监管机构；既是具体监管上市企业、证券商和市场交易行为的一线监管机构，又是受政府管理机构监管的主要对象。在证券交易所的自律监管框架中，监管者也是被监管者，被自律规章规范者也可能是自律规章制定者。同时，我国证券业协会作为自律组织，与证券行政主管机构对证券市场监管的权力边界不够清晰，职责分工和监管机制还没有理顺，有的地方存在交叉或重叠，有的地方出现了缺位或越位并不能实现真正的独立。

（二）中国公司治理的政治与法律环境现状

1. 政法体制改革的现状

在政府职能转型方面，中国不断推进政府职能转变，从管理型的政府向服务型的政府转变，施政理念也从管理转向了公共服务。政府机构调整和职能转变的结果是提高了行政效率、减少了行政过程带来的交易成本。政府职能改革，推动了公司治理机制的完善。但是，目前，我国政府仍然身兼股东、政策制定者等多重身份，仍然拥有重要的行政资源、强有力的行政权力，握有资本、土地等多种重要资源的配置权，行政手段仍然是完成政府目标的最直接有效地手段。这导致政府仍可能根据自身目标与意志进行行政改革。政府动用行政手段的股东行为，形成了中国公司治理的一大特色。

我国政治体制改革一个有重大影响的成就，就是改善了地方政府的激励机制。地方政府激励机制的核心是政绩考核和晋升激励。中国的地方政府拥有一定的税收收入和中央转移支付，承担本地方的公共开支。地方官员的主要激励来自于晋升，而晋升的重要依据就是以地方国民生产总值增长水平为主要参数的政绩考量。在这样的政治体制下，一方面，政府具有较强的行政能力，实施宏观调控，提供公共服务；另一方面，政府也注重规范自身行为，限制侵权等行为。与此同时，政府拥有的权利仍然缺乏有效地约束，激励机制容易发生扭曲，司法效能和决策水平还有待提高。这些基本特征，也在影响着中国公司治理的面貌。地方政府出于晋升激励，保护了地方国企和民营企业的发展，在为这些企业争取产品市场、资本市场的同时，也推动了现代企业制度改革。但是，政府又出于自身目标，对企业的人事任命、决策制定、投融资与重组并购战略决策实行干预。地方政府激励约束机制带来的治理问题是目前我国公司治理中无法回避的问题。

2. 法制与法治建设现状

我国属于类似大陆法系的国家，改革开放以来，我国逐步建立和完善了公司治理方面的法规和制度，建立了中国公司治理的法律框架体系。目前，中国公司治理的法律框架包含四个层次，即基本法律、行政法规、部门规章和自律规则。第一层次是基本法律，由全国人民代表大会或全国人民代表大会常务委员会制定，主要包括《公司法》、《证券法》、《刑法修正案（六）》、《企业国有资产法》、《会计法》等；第二层次是行政法规，由国务院制定，主要包括《关于推进资本市场改革开放和稳定发展的若干意见》、《国务院批转证监会关于提高上市公司质量意见的通知》等；第三层次是部门规章，由国务院部委、中国人民银行、审计署和具有行政管理职能的直属机构制定，主要包括《上市公司治理准则》、《上市公司信息披露管理办法》、《上市公司章程指引》、《上市公司股东大会规则》、《关于在上市公司建立独立董事制度的指导意见》、《关于加强社会公众股股东权益保护的若干规定》、《上市公司收购管理办法》、《上市公司重大资产重组管理办法》、《上市公司股权激励管理办法（试行）》、《证券登记结算管理办法》等；第四层次是自律规则，主要指证券交易所制定的《股票上市规则》、《交易规则》等。

法律法规的完善，提供了最基本的外部正式治理机制，使得股东和投资者的权益能在一定程度上得到更好的保护，缓解了管理层控制、大股东掏空、内幕交易等违规现象的出现，迫使公司内部治理机制走向主动合规。同时，法律体系的完善，推动了控制权市场、经理人市场等的秩序建设。但是，由于行政权能的高成本效益比以及大陆法系的法律传统，监管机构在一定程度上习惯使用具有独断性的政策措施来对资本市场造成影响。我国资本市场的监管在一定程度上和一定范围内还存在着重政策、轻法律，甚至以政策代替法律的现象。

3. 公司治理的监管体系现状

中国公司治理的监管体系主要由四部分组成：一是证券期货市场的主管部门——中国证监会；二是与公司治理有关的政府部门，如财政部、国资委、发改委等；三是证券交易所和证券登记结算公司；四是会计师协会等行业自律组织。

在监管体制方面，我国目前实行的是集中统一监管和分离式并存的机制，即日常的行政监管由中国证监会及其所属机构对中国资本市场直接管理，证券交易所作为中国证监会的直属机构也承担着大量的行政监管职能。但是，分离式监管仍然存在，监管主体包括国务院、银监会、经贸委、国资委、发改委等行政机构和会计师协会等自律组织。由于多头监管，资本市场会计信息也会存在标准不统一的问题。作为中国资本市场监管当局的中国证监会存在着这样的矛盾：一方面缺乏足够的权威性，缺乏相应的权利。面对中国资本市场的内幕交易和股市操纵等问题，中国证监会的监管效果并不理想。原因是多方面的，但是行政执法权相对不足也是影响监管效果的原因之一。另一方面，证监会又拥有过大的权利，而且缺乏相应的监督，对官员的工作也没有建立行政问责制度。实行集中统一的行政监管体制后，市场准入、证券发行与流通、机构设置和业务范围的审查等权利都由证监会实施，而且这些权利的运行时不透明的，这也是监管腐败、发行和定价市场水平不高的主要原因之一。

（三） 中国公司治理的社会环境现状

1. 投资者信念与行为现状

投资者的理念和行为模式，决定了投资者整体上在资本市场的策略，这些策略直接影响了上市公司的市场价值与融资成本，从而构成了对上市公司的重大约束，一定程度上塑造了上市公司的治理理念和价值观（李维安，2012）。除了法人投资者，中国的投资者主要包括个人投资者和机构投资者。

中国的个人投资者大概占据了资本总数的 82%，但是个人投资者的投资策略主要是以赚取短期股票价差，且个人投资者资金实力普遍较小，活跃度不高。高度分散且注重短线利益的个人投资者，往往具有"搭大股东便车"的倾向，甚至往往通过揣摩"庄家"的持仓策略来预判股价波动。这导致了中国个人投资者从众心理和从众行为明显。中国个人投资者更注重技术分析，且容易受到所谓"内幕消息"的影响，投资心理非常不成熟。中国的机构投资者主要包括公募和私募基金、证券投行、社保和保险基金、财务公司、信托投资公司、合格境外机构投资者（QFII）等，其中公募基金是机构投资者的主力。到 2011 年，我国约有 69 家基金公司，管理基金 914 只，管理的资产 2.19 万亿元，私募基金约有 1 万亿元的资产规模，社保和保险占基金总额的 15% 左右。合格境外机构投资者（QFII）共获批 135 家，持有整个深沪市场流通市值的 1.09%。① 我国机构投资者在证券市场中的行为仍然表现出高度的从众行为。有研究表明，中国证券投资基金的从众行为指数为 8.94，十分显著，远高于美国同期水平。由于基金经理人对声誉、投资者信任的重视以及专业分析能力的局限，基金基本采用和其基金类似的策略，力保业绩不低于同行业平均水平，不追求差异化投资的高额利润。基金虽然总体比例和规模不高，但仍有较强的市场操纵能力，通过若干基金的联合，可以对股价形成坐庄式的干预。

2. 社会责任认知现状

随着中国社会的发展，人们越来越重视产品安全、生态环境和生物多样性保护、员工利益以及社区利益等。这些社会要求推动企业从公司治理层面开始重视社会责任。大体上，社会对企业的预期包括企业对客户和投资者的责任、企业对政府、员工和社区的责任、企业对环境保护所负有的责任等。为了督促企业切实履行社会责任，交易所制定了鼓励和引导上市公司社会责任信息披露的相关规定，从而使上市公司的社会责任披露不仅仅是受社会和媒体的关注，而且也是一个被监管机构建议和倡导的治理措施。目前，我国上市公司中的深市"深证 100"成分股公司，沪市"公司治理板块"、金融类公司以及境内外同时上市的公司要求强制发布社会责任报告；其余上市公司实行自愿性的社会责任信息披露。上交所规定社会责任信息披露需以单独报告形式发布。值得注意的一个新动向是：2012 年有 27 家公司终止了发布自愿性的社会责任披露报告。这一行动显示中国上市公司是根据自身的战略和环境来决定是否进行社会责任的披露，是具有选择性的，同时也在一定程度上反映了上市公司不太情愿发布社会责任报告。

3. 媒体监督现状

对于转轨经济国家，由于正式制度不健全，或者正式制度的执行成本过高，非正式制度的作用的治理作用就更加重要，成为正式制度的重要补充和替代。在这些替代机制中，媒体监督中媒体监督机制对公司治理的提升获得了广泛的认可

---

① 数据来源于《2011 年中国证券监督委员会年报》。

和重视，媒体的负面报道迫使公司采取了改善公司治理的行为（Joe，2009；Dyck & Zingales，2008）。在我国，随着信息传播途径的增加和传播速度的加快，媒体监督在公司治理中的作用与日俱增。

早在 2001 年，银广夏财务造假丑闻的曝光最早是由《财经》杂志社的质疑引发的，后来随着媒体的不断跟进报道，最后引发证监会介入，从而查出并确定了其造假的事实。此后，在蓝天股份、三九医药、ST 科苑等公司的重大违规和造假事件中，媒体的积极报道推动了政府的作为。根据醋卫华和李培功（2012）的研究，2001～2006 年中国上市公司共有 96 个被公开处罚的违规案例，其中 58 个得到了媒体的负面报道。有研究表明，媒体的曝光迫使被关注的公司做出了增加独立董事的比例、更换 CEO 等行为。以入选《董事会》杂志 50 家治理最差公司中的中国上市公司作为样本的一项研究表明，被负面报道的上市公司做出了整改公司治理机制的行动，被负面报导的频率越高，改正的可能性越大，同时控制权市场私人利益也越少。

另外，媒体影响公司治理也深受我国整体社会环境的影响。由于市场经济的发展，媒体体现主流社会价值和民意的特征开始显现。同时，企业正在通过资本联系与政治联系干预媒体。

二、

中国转轨经济中公司治理现状分析

勃格洛夫和克莱森思（Berglof & Claessens，2004）认为在各国不同的制度背景下公司治理会呈现不同的特征。传统的、发源于发达资本市场的公司治理机制在一般的执行环境很弱而特定的执行机制功能较差的发展和转型国家中几乎不能奏效。相应地，其主要后果是大股东的出现，但这种机制有很高的潜在成本。他们就大股东机制、公司控制权市场、代理权争夺、董事会行动、管理层薪酬、银行监督、股东积极主义、职工监督、法律诉讼、媒体与社会控制、声誉与自执行机制、双边私人执行机制，仲裁、审计及其他多边机制、竞争机制等方面对经济转轨国家公司治理的特征进行了总结，并提出政府可能的规制范围。如表 5－1 所示。结合中国特有的转型经济特征和《OECD 公司治理准则》中给出的公司治理框架，本书主要从股东治理、董事会治理、监事会治理、经理层治理、信息披露、利益相关者治理等方面分析中国目前经济转轨中公司治理的特征。

表5-1 发展和转轨国家中的公司治理机制

公司治理机制	发展和转轨国家中的相对重要性	政策干预范围
大股东	很可能是最重要的公司治理机制	加强保护小投资者同时不要破坏大控股股东的积极性
公司控制权市场	当股权高度集中时,不太可能成为一种重要的机制;但如果有破产保护系统的话,能够通过债务合约发生	消除管理层防御,披露所有权与控制权信息,发展银行系统
代理权争夺	当股权高度集中时不太可能发生	改进股东之间以及股东的沟通技术;披露所有权与控制权信息
董事会行动	当控股股东能够解雇雇佣和解雇董事会成员时不太可能有影响	引入独立董事,进行董事培训;披露投票权信息;引入可能的累积投票权
管理层薪酬	当控股股东能够雇佣和解雇管理层且有控制权私人收益时重要性降低	披露薪酬计划以及利益冲突规则
银行监督	重要,但依赖于银行系统和规制环境的健康程度	加强银行管制制度;鼓励收集历史信用记录信息;发展可提供支持的信用机构和其他信息渠道
股东积极主义	有潜在的重要性,尤其是在有分散股东的大公司当中	鼓励股东之间的相互作用;加强少数股东的保护;改进机构投资者的治理
职工监督	潜在的非常重要,尤其是在规模较小且高技术人力资本退出风险较高的公司	披露员工信息;可要求董事会代表;确保有弹性的劳动力市场
法律诉讼	严格依赖于执行环境的质量,但有时也会有效	增进股东之间的交流;鼓励集体诉讼,但要确保避免过度诉讼
媒体与社会控制	有潜在的重要性,但当执行机制变强时更重要	鼓励媒体间的竞争和多元控制;积极而公开的竞争能使公众拥有更多权力
声誉与自执行	执行机制弱时重要,但当执行机制变强时更加重要	取决于成长机遇和寻租范围,鼓励要素市场竞争
双边私人执行机制	重要,因为该机制可以更加具体,但外部人不能受益而且可能有副作用	需要发挥民事法庭或商事法庭的功能
仲裁、审计及其他多边机制	有潜在的重要性,通常是法律的起源,但常会有执行问题;审计有时会被过度使用;会涉及利益冲突问题	促进建立私人的第三方机制(有时要避免形成公立的相关机制);解决利益冲突;确保竞争
竞争机制	决定着生产要素潜在问题的范围,包括融资	开放所有要素市场竞争,包括国外市场

(一) 股东治理现状

普遍来看,中国公司的股权相对集中,中国的公司或者是由国有企业改制而成的,或者是民营企业发展而来的,这两类公司都具有股权集中的特点。从中国的上市公司来看,上市公司股权集中,"一股独大"现象显著。总体来看,中国公司的控股大股东的控股状态有两种情况:一是控股大股东处于绝对控股地位,持股比例在 50% 以上；二是大股东持股不到 50%，但由于股权较为分散，大股东处于相对控股地位。据统计，2010 年 A 股 2 089 家上市公司中，第一大股东持股比例超过 50% 的共有 439 家，其中 50 家公司第一大股东持股比例在 70% 以上。剔除不可比因素后，1 818 家 A 股上市公司中，有 1 545 家上市公司的第一大股东持股比例超过第二与第三大股东的合计份额，占上市公司总数的 85%。①中国公司的股东除了大股东外，还有机构投资者和中小个人股东。

1. 大股东的治理现状

大股东对公司治理的影响体现在以下两个方面：

一方面，持股相对集中有利于大股东克服外部性的障碍，为其他外部股东提供"监督"这样的公共产品。从对激励监督机制的影响来看，在股权高度集中的企业，特别是在最大股东拥有绝对控制权的情况下，大股东机制能够发挥较好的监督激励作用。按照詹森（Jensen，1976）的理论，管理者—所有者（Manager-Owner）模式会存在损失经济规模、发展机遇等，但却同时能够降低代理成本。由于董事长或总经理往往就是控股股东本人或其代表，因而代理人的利益与委托人的利益较易趋于一致，在一定程度上代理人有动力去追求股东利益最大化。费方域（1998）认为：首先，大股东有动力对经理层施加可置信的威胁，基于自身利益的考虑，大股东甚至愿意承担对不称职的经理予以起诉的成本。其次，可以促进接管活动，大股东持有的股份越多，接管溢价（付给收购股东的超过市场价格的升水）就越低，其原因是大量的股份掌握在大股东手中，即使每股溢价很少，大股东的总的溢价收益也不低，因而大股东可能会愿意转让股份，而小股东通常不会接受溢价过低的要约价格。但笔者认为，就接管而言，由于大股东持有较大份额的股份，会使得控制权的争夺困难增大，控制权市场比较难以发挥作用，而失去其可能带来的公司治理效果。因此，大股东机制与控制权市场之间究竟是此消彼长还是相得益彰的关系还有待对制度环境的深入分析，或者说等待实证的结果检验。

另一方面，由于持股集中，大股东比较容易通过控制权来攫取私人利益。控制权私人利益的概念最早由格罗茨曼和哈特（Grossman & Hart，1988）提出，他们认为公司控制权收益分为两类：第一类是全部股东都能根据自己所拥有股份比例获得的证券收益（Security Benefit），第二类是控股股东因为拥有控制权而可以获得的控制权私人利益（Private Benefit）。追求控制权私人收益的行为具有外部性。控股股东可以通过调动各子公司、关联公司的资源，实现集团整体利益的最

---

① 于萍：《推进股权渐进优化，股权均衡成发展方向》，载于《中国证券报》，2011 年 2 月 22 日。

大化，各公司间的有机协调、资源的互补，也可以发挥整个集团的"联合经济效应"，增强集团整体的竞争力。控股股东也会滥用权力，这往往导致大股东侵占其他外部股东的利益。如果再考虑到发挥管理层的积极性和大股东、经理层存在合谋的可能性时，大股东、管理层和外部股东之间的目标不一致将使得该问题更加复杂。LLSV（2000）的研究表明，这种大股东侵占现象在许多国家非常普遍，尤其是在市场不发达国家的表现尤为明显。

在中国，国有控股公司和民营控股公司是两种主要的公司类别，国有控股公司和民营控股公司也构成了上市公司的主体。国有控股公司的大股东和民营控股公司的大股东在公司治理方面存在着共同的特征，但是也有所区别。

中国国有控股公司的控股股东可以分为三类：政府或国有资产管理部门类、国有资产管理公司类和国有控股企业类。对于政府国有资产管理部门控制的公司，第一，存在着委托链条过长，代理成本过高以及所有者"缺位"等问题。国有企业产权的最终所有者是全体人民，故全体人民是委托人，而代理人则要一级一级推导。宪法规定，国务院是国有资产的代表，但国务院不可能亲自行使经营权，只好向下委托给各级政府，而各级政府是行政机构，无法作为一个市场主体来实施经营行为，只好再委托给国有资产管理部门，国有资产管理部门再委托给企业，最后企业的经营者作为代理人对具体的国有资产行使控制权。在这一长长的委托代理链条中，每一个环节的代理不是依循市场行为的契约关系，而是按照政府的行政指令，包括代理人的选择和激励，都是一种行政作用的结果。存在着"所有者缺位"问题。最终的代理人很难从最初委托人的利益出发进行经营决策，而理论上拥有最终剩余索取权的全体人民，也即承担代理人经营失败风险的委托人，连起码的选择代理人的控制权都不具备，现有经营决策权的代理人也并不享有相应的剩余索取权来激励自己更努力的追求更大的企业利润。第二，大股东利益被经理人剥夺。国有资产管理公司或国有控股企业控制的公司，控股股东和其控制的公司往往存在着"资产混同"，法人财产边界模糊，为控股股东滥用其控股公司资源、损害中小股东等其他利益相关者的利益创造了条件。另外，这三种性质的大股东均拥有除控制权以外的特殊权利，即行政权力。在中国，很多部门和控股机构还习惯于以行政方式"管"企业，很难接受在两权分离情况下，通过有效公司治理维护股东权益的制度变革，国资部门和国有控股股东在政府的干预和审批，经理人员的任免和控制等方面都对企业有重大影响（陈清泰，2012）。

对于民营大股东来说，公司中的所有者缺位、政府过度干预等问题较少。但是，中国民营企业资本在产权上带有强烈的血缘、亲缘和地缘性质，也就是人们常说的"三缘"，这种"三缘"使得中国的民营企业产权在主题上具有浓厚的宗法性，即企业的运行在相当大的程度上受宗法规则的制约，而不是严格的受市场规则的约束。另外，民营企业中也存在严重的"一股独大"现象，民营企业中大部分为家族企业，家族控股比例极高，相当部分为绝对控股，大股东的结构非常单一，股权过于集中不利于董事会和管理层在更大范围内接受多元化产权主体的监督和约束，从而使小股东的利益得不到切实保证。在"一股独大"的情况下，由大股东提名和实际控制的董事往往在董事会占绝大多数，无论是一般决议还是特殊决议，董事会决策往往体现了大股东的意志。这样，一方面可以利用家族信任和忠诚使企业的决策易于执行，节约交易成本，较好解决国有上市公司中存在的特权消费以及经理人对控股股东的不尽职问题；另一方面则存在"人治"的弊端，控股股东的权力过大再加上外部监督和约束机制的缺失使其侵害中小股东行为的概率和严重程度都大大增加。

2. 机构投资者的治理现状

从世界范围上来看，近几年机构投资者在公司治理结构中的地位和作用都有不同程度的提高。自从 2000 年中国证监会提出要"超常规、创造性"地发展机构投资者之后，机构投资者逐渐成为我国证券市场上一支举足轻重的重要力量，在我国上市公司治理中发挥了一定的积极作用。首先，从机构投资者参与上市公司的治理方式来看，我国经历了从单一的参与表决方式到参与表决与公开批评、股东提案、私下沟通等多种方式相结合的变化，为机构投资者参与上市公司的治理提供了多样化的路径选择。其次，从机构投资者参与上市公司治理的实际效果来看，机构投资者对上市公司治理产生了一定积极的影响。例如，在"招商银行可转债事件"中，以华夏、长盛、博时、鹏华、易方达、南方、富国等基金公司的基金经理及世纪证券为代表反对控股股东有损流通股东的提议，并提出了相应的新议案。最后，从机构投资者参与上市公司治理对上市公司控股股东的影响来看，上市公司控股股东已经充分意识到了机构投资者的潜在影响力，对机构投资者的重视程度明显提高。例如，在 2002 年中兴 H 股风波中，中兴通讯公司公告拟在香港发行 H 股计划，数十家机构投资者要求审慎看待中兴通讯发行 H 股，保护中小投资者的利益，基金股东积极参与股东大会并尝试影响公司决议，虽然最终没有能够改变发行 H 股决议的通过，但在信息获取、股东沟通、决议底线等方面限制了国有大股东不顾其他股东利益的行为，使中兴通讯推迟了 H 股上市计划。

但是我国的资本市场由于时间较短，发育还不够成熟，存在着机构投资者的规模较小、在证券市场上所占的比重不大，资金来源不稳定以及自身运作不够规范等问题，机构投资者在公司治理中的作用有限。第一，机构投资者规模较小。近年来，我国机构投资者发展迅速，初步形成了以证券投资基金为主，保险资金、合格境外机构投资者（QFII）、社保基金、企业年金等其他机构投资者相结合的多元化发展格局，但是机构投资者的规模较小，难以在公司治理中发挥作用。第二，机构投资者的控制力不高且持股流动性过强。2006～2008年，我国排名前三位的机构投资者平均股权集中度仅为145.02、837.80和1 154.40（股权集中度的取值范围为0～10 000，数值越大表示股权集中度越高），虽然逐年上升，但仍然较低；三年间，排名前三位的机构投资者平均年度持股变动率为0.91、0.88和0.67（年度持股变动率的取值范围为0～1，数值越大表示年度持股变动率越大），虽然逐年下降，但仍然较高。我国证券市场的过度投机环境，使得机构投资者普遍存在着"羊群效应"和"短视行为"，持股流动性过强，则导致机构投资者不能作为安定股东参与上市公司的治理（高明华，2010），因此机构投资者的公司治理功能大大削弱。第三，机构投资者的资金来源不稳定，缺乏养老金等长期资金。如前数据所示，成熟市场国家的社会积累很大程度上表现为养老金的形式，通过机构投资者的专业化管理，转化为资本市场投资，实际上，养老基金目前已经成为全球资本市场最大规模的机构投资者，其资产超过全球GDP的50%。但我国养老保障制度改革才开始推行，以国家基本养老、企业年金和个人自愿储蓄养老为三大支柱的养老体系框架刚刚构建。从国家基本养老层面来看，面临着较大财政困难，全国社保基金来源不足；从企业年金来看，由于缺少支持企业年金积累与投资的统一税收优惠政策及相关配套法规，企业年金发展受到很大制约；而个人自愿性储蓄养老制度尚缺乏明确的制度保障。没有相应的长期资金支持，股票市场亦表现出投资的短期化行为，缺乏真正的长期投资者，也就更不会有积极性参与公司治理。第四，机构投资者自身运作的问题尚有待规范。由于中国机构投资者发展较晚，各方面运作尚不成熟，机构投资者自身运作违规事项时有发生。包括基金组织买卖自己持有的股票，以制造虚假成交量来吸引其他投资者的"对倒"行为；同一家基金管理公司的两只基金通过事先约定的价格、数量和时间，在市场上进行交易的"倒仓"行为；采取"对倒"、"倒仓"等手法将股价拉高，提高基金净值，从而吸引投资者等；证券公司动用客户资金等不规范运作时有发生。同时，转型经济国家引入机构投资者的谈判过程未必公正，另外这些特征因素需要纳入规制政策对公司治理的影响的分析框架中。

3. 中小股东的治理现状

中小投资者参与公司治理主要是通过三种途径：一是在股东大会行使投票权或者通过代理人行使投票权；二是通过资本市场"用脚投票"，继而公司治理产生影响；三是通过法律诉讼保护自身权益。

　　中小个人股东在通过股东大会行使投票权保护自身权益的时候，往往因为持股比例过低而无法对相关决议造成任何实质性的影响。世界上大多数国家一般采用委托投票制度和累积投票制度来实现对大股东权利的制衡，从而保护中小投资者的利益，使中小投资者可以通过行使投票权参与公司治理。股东投票权委托制度主要包含两个方面的内容：第一为股东可以委托他人代行投票权；第二为征集投票委托，即股东或其他利益相关者可以通过各种方式从目标公司股东手中获得投票表决权。委托投票制度可以使中小股东通过委托把分散的股权集中起来，通过股票表决权的联合来保护自身的权益。在实务中，一般是由机构投资者充当被委托人的角色，由机构投资者作为中小股东的代理人行使股东权利，保护中小投资者的利益。我国《公司法》规定了股东可以委托代理人出席股东大会，在《上市公司治理准则》中明确了股东委托投票制度，并规定上市公司董事会、独立董事和符合条件的股东可以向上市公司股东征集投票权，且证监会在2004年规定上市公司在增发新股、重大资产重组等重大决议时，可采取网络投票的方式。这些股东在很大程度上提高了中小股东参与公司事务表决的可能性和积极性。但是我国公司法关于表决权代理的规定比较简单，对表决权代理人的资格等没有细致的规定，这就使得一些公司通过公司章程将代理人进行限定。另外，由于我国机构投资者投资的短期化行为导致其参与公司事务的积极性不高，以及机构投资者自身运作的不规范，在一定程度上也影响了中小股东通过委托投票制度保护自身权益的实际效果。累积投票制起源于英国，但在美国得到了重大发展。19世纪60年代，美国伊利诺伊州报界披露了本州某些铁路经营者欺诈小股东的行为，该州遂于1870年宪法赋予小股东累积投票权。伊利诺伊州《宪法》第3章节第11条规定"任何股东在法人公司选举董事或经理人的任何场合，均得亲自或通过代理人行使累积投票权，而且此类董事或经理不得以任何其他方式选举"。我国《公司法》和《上市公司章程指引》都规定了股东大会选举董事、监事时，可以根据公司章程和股东大会的决议，实行累积投票制度。但是我国除规定"控股股东控股比例在30%以上的上市公司，应当采用累积投票制"，对于其他类型的公司，累积投票制度是属于可选择性的，这很容易导致在实务中大股东通过影响股东大会决议或者公司章程的规定而阻碍累积投票制的实行。

　　中小股东"用脚投票"就是当中小股东对公司的经营等决策不满时通过在资本市场抛售手中的股票，造成股价减低，从而对高层管理人员形成外部压力。中小股东"用脚投票"是一个重要的外部激励和约束机制。"用脚投票"治理机制的有效性在于资本市场的有效性，股票价格能够有效反映公司的经营效率和价值。在英美外部市场公司治理模式下，中小股东"用脚投票"是其主要的治理机制。而在我国，由于资产市场信息披露的不规范、投资者投资心理的不成熟、相关法律法规的不完善以及政府对资本市场的行政干预，导致资本市场并没有形成完善的市场价格机制，庄家操纵股票价格等现象时有发生，中小股东"用脚投票"的治理机制在一定程度上失灵，很难发挥应有的作用，对公司管理层形成真正的约束。另外，由于股权高度集中，中小投资者手中持有的股票比例有限，无法形成控制权市场的敌意收购，对经理的约束作用非常有限。再者，我国资本市场上大量国有企业的高层管理人员是由政府任命的，使得经理人员的约束进一步受到限制。

我国新《公司法》确立了股东代表诉讼制度，这对股东权益保护至关重要。但是我国的股东代表诉讼制度的规定太过于原则，主要是从公司治理的角度进行规定，并没有从方便民事诉讼的角度作出规定，在具体操作上还存在着诸如公司股东代表诉讼中的地位不明、缺乏必要的股东诉讼激励机制、举证责任分配不合理、诉讼中的受理费用过高等问题，导致这个新制度在我国司法实践中可操作性不强，没有达到预期的效果。

（二）　董事会治理现状

中国企业的董事会形式特征与美国的平行双层董事会模式相似，在股东大会和经理层之间设董事会和监事会，董事会主要执行管理功能，同时负有对经理层的监控职能，与董事会地位平行的监事会没有管理功能，只是执行对董事会和经理层进行监督的功能。另外，中国关于董事的责任、董事的独立性以及委员会制度的设置和美国都有类似的要求。关于董事责任的规定，《上市公司治理准则》第三十三条规定："董事应根据公司和全体股东的最大利益，忠实、诚信、勤勉地履行职责。"关于下设专业委员会，《上市公司治理准则》第五十二条要求"上市公司董事会可以按照股东大会的有关决议，设立战略、审计、提名、薪酬与考核等专门委员会。专门委员会成员全部由董事组成，其中审计委员会、提名委员会、薪酬与考核委员会中独立董事应占多数并担任召集人，审计委员会中至少应有一名独立董事是会计专业人士"。而关于董事会的独立性，相关要求与美国也极为相似，如《上市公司治理准则》第五十条要求"独立董事应独立履行职责，不受公司主要股东、实际控制人，以及其他与上市公司存在利害关系的单位或个人的影响"。尽管形式上我国董事会结构与美国十分相似，但实质运作却还存在较大差异。其主要特征体现在以下几个方面：

第一，董事会对经理层的制衡能力弱化。因为我国绝大多数公司股权相对集中，无论是国有控股公司和民营企业，董事会和经理层同受大股东控制的现象都很普遍，大多数企业董事长同时兼任董事长，决策权和经营权高度集中。截至

2012 年 6 月 27 日，我国 A 股民营上市控股企业 2 422 家公司中，董事长兼总经理的公司有 557 家，占比 23%，其中有近 400 家公司集中在中小板和创业板公司。董事长本身就代表大股东的利益，而同时兼任总经理，将决策权和经营权独揽一身，更为其向大股东输送利益打开了方便之门。国有控股企业的情况更为复杂，除了董事会和经理层制衡能力弱化的问题，还存在着国有资本的所有者缺位问题，政府作为国有股份的出资人和最终代表，常常会越过公司法提供的法人治理结构，直接聘用和解聘董事长、总经理和董事，而董事会、经理都无法真正代表股东的权益。另外，国有控股公司还存在着党委会、职工代表大会和工会"老三会"和股东大会、董事会、监事会"新三会"两种体系协调的问题。从内部结构分析，由于传统习惯的影响，加上政策上强调加强党的领导，改制后的企业绝大多数经营班子与党委会重叠（有的公司董事长兼总经理兼党委书记），实际权力掌管在企业党委会手上，股东大会、董事会、监事会形同虚设。由于党委会的存在，如上级党委不能按企业规定管理企业，在工作上极易造成上级党委对企业的行政干预。而对于党委会和董事会没有完全重叠的企业，又存在着党委会与其他公司治理主体特别是董事会之间产生矛盾的复杂情况，这很容易造成国有控股公司范围的、涉及更广泛群体的争斗，必将造成国有控股上市公司经营受阻，内耗不断。总之，无论在国有控股企业还是民营控股企业，由于股权的集中股东大会制约董事会、董事会制约经理层的公司治理体系很难发挥作用。

第二，独立董事没有发挥应有的作用。首先，董事会的独立性一直是一个备受争议的话题。从独立董事的提名与选举来看，现代公司一般实行一股一票制，在这种模式下，占据绝对或相对控股地位的大股东就可以利用选票优势来控制独立董事的选举。尽管我国公司法已经规定累积投票制，但在各个公司章程中，该投票方式并不多见。从独立董事的任职资格来看，证监会发布的《关于在上市公司建立独立董事制度的指导意见》规定了 7 种人员不得担任独立董事。包括：在上市公司或者其附属企业任职的人员及其直系亲属和主要社会关系；直接或间接持有上市公司已发行股份 1% 以上或者是上市公司前十名股东中的自然人股东及其直系亲属；在直接或间接持有上市公司已发行股份 5% 以上的股东单位或者在上市公司前五名股东单位任职的人员及其直系亲属；和最近一年内曾经具有前三项所列举情形的人员；为上市公司或其附属企业提供财务、法律、咨询等服务的人员；公司章程规定的其他人员以及中国证监会认定的其他人员。尽管这些规定已经排除了绝大多数不独立的可能来源，但事实上，独立性还是很难界定，如校友、退休官员、业务往来公司互为董事等在现实中均不可避免，尤其是中国作为"关系"社会，在缺乏舆论监督的条件下，更是难以保证。独立董事独立性不强，主要原因出在独立董事的提名程序上。根据调查，大部分公司独立董事提名基本由大股东或高层管理人员所包揽，其他股东推荐的独立董事很少。一般而言，上市公司管理层基本为大股东所控制，因此目前独立董事的提名基本是由大股东所包揽。其次，独立董事"花瓶"现象依旧存在，部分职权有名无实。一般而言，大多数公司都要求独立董事必须具有企业管理与商业运作的背景，最好还有董事会工作的经验，这样有利于董事会运作。当然也有一些公司出于其自身的特殊需要，可能会聘任一些具备某种特殊才能如在政策法规、营销、财会、进出口、风险管理、公共关系等方面有专长的人士担任独立董事。但是，目前大多数上市公司的独立董事存在着学历素质高，但缺乏经营管理实际经验的特点。我国上市公司独立董事的专业背景主要集中在经济、管理、财务、理工和金融五大块，职业主要集中在教育、会计、经理人和财务顾问四大块，其中39%的独立董事的职业为教育，远远高于其他行业的比例，大部分独立董事缺乏参与企业管理的经验。这些高学历、高职称的独立董事有着传统知识分子的清高，而且独立董事这个职位往往是由公司管理层推荐的，自己还领着公司的津贴，受中国人文环境影响，他们一般不会和公司管理层翻脸。大部分独立董事如果感觉到职权行使困难或者觉得难以把握，只要不违反法律法规，往往就睁一只眼闭一只眼，实在觉得过不去，就倾向于辞职，而不是强行行使职权。而且，独立董事的薪酬基本上都是固定的，这也使他们没有足够的动力去监督公司的管理层。再次，董事声誉市场缺乏，且缺乏对独立董事的问责制度。如果董事面临足够大的职业声誉压力和来自法律责任的压力，那么董事就有可能认真履行其职责。在董事声誉市场发达的国家，独立董事大都由学术教育界和企业界的社会知名人士组成，这些人士往往很看重自己的社会声誉。如果独立董事在上市公司中能表现出应有的独立和客观，无形中将极大地保护和提升他们的声誉，并拓展他们的未来市场。同时相关的法律机制与舆论监督机制发达，使得独立董事对参与赞成的失误决策或违法决策负连带赔偿责任并面临声誉被破坏这种可置信的威胁。但在中国，董事的人力资源市场和法律法规体系，以及声誉机制都很少发挥作用。

（三）监事会治理现状

我国监事会设置的初衷是为了保护大股东以外的其他投资者和职工的利益，对董事会管理层进行监督。从监事会的职权定位来看，要想发挥监事会的作用，监事会必须要有独立性。我国公司法规定，监事会应当包括股东代表和适当比例的公司职工代表，其中职工代表的比例不得低于三分之一。另外，公司法还规定董事、高级管理人员不得兼任监事。但是，我国大部分企业监事会缺乏独立性。按照公司法的规定，我国企业的监事会成员有两类，一类是股东代表，是由股东大会选举产生的，另一类是职工代表，是由公司职工通过职工代表大会、职工大会或者其他形式民主选举产生。对于股东代表的监事，大股东股权的集中决定了监事会必然和董事会一样，代表的是大股东的利益，而且，我国除了国有大型企业的监事由国有资产管理部门委派之外，大多数公司的监事主要来源于企业内部。在这种情况下，公司的决策者、经营者与公司监事均来自同一单位，原本就保留着一种残存的上、下级关系。在这种隶属关系未得到根本改变之前，在原关系中处于下级地位的监事很难对仍为其上级的公司决策者或经营者大胆行使监察权，否则他不仅有可能失去其监事资格，还会使其在原单位的利益遭受损害。而国有大型企业委派的监事虽然是由政府派出，具有一定的独立性，但其政治地位却低于企业高层管理人员。这两种情况都意味着监事会可能并不能有效地发挥监督作用。同时，监事会中的工人代表也通常并非来自于工人阶层。显然这些都与监事会制度的设计初衷相违背。因而，监事会的功能往往局限于内部信息可靠性的监督上，而这又与审计委员会的功能部分冲突。

值得注意的是，国有企业的"监事委派制"使得国有企业的监事会在一定程度上比非国有企业更能发挥作用。国资委作为国有企业的监督管理部门，设计了一套专门的机制"国有企业外派监事会制度"，该制度规定了对国有企业委派监事的方法和监督国有企业的特殊章程。2009 年，国资委主任李荣融在国有企业外派监事会制度实施十周年的讲话中报告了监事会制度的成效：委派监事检查的资产超过人民币 70.32 亿元；提交了 1 622 个特殊报告并揭露了 2 648 个重要事件；评估了 3 239 个 CEO，并对其奖惩提出建议；还对 320 个涉嫌贪污腐败的法律案件提供了线索。[①] 与国有企业相比，非国有企业似乎只是例行的在年度报告中披露监事会报告，他们并没有对监事会制度进行任何特殊的安排。研究数据显示，非国有企业无论是监事会的规模还是会议频率都比国有企业的低。因而国有企业的监事会相对于非国有企业来说发挥了一定的作用。

（四）经理层治理现状

经理层治理现状是从公司治理客体的角度进行分析的。经理层作为公司发展战略的直接执行者，经营运作的直接管理者，对其的约束和激励，使其能够科学决策，提高以股东价值为主的公司价值是公司治理的核心内容之一。对经理层的治理机制主要是约束和激励，而对于发达国家而言，对经理层约束和激励机制的

---

① 数据来源于李荣融：《国有企业外派监事会实施十周年业绩报告》，载于《人民日报》，2009 年 8 月 17 日。

实现是通过发达的经理人市场、控制权市场以及公司内部治理结构的设置来实现的，其中，经理人市场、资本市场的作用可以视为外部治理机制，经理人经营业绩的好坏会影响经理人市场对其价值和薪酬的评价，同时也会通过股东对股票的购入或者抛售体现在股价上，然后通过资本市场对股票期权激励、敌意接管等具体治理机制的影响体现出来。

"所有正在转轨的经济都受到融资和有经验的经理人资源稀缺的制约。"（青木昌彦，1992）和其他经济转轨国家一样，中国的经理人市场并没有完全发展起来，这主要表现在经理人的市场化程度低，经理人对声誉的关注程度不高，经理人市场的信息不对称。造成这种情况的主要原因在于：首先，国有企业和民营企业均未能给职业经理人提供充分的舞台。国有企业经理人通常不是通过竞争的经理人市场聘任的，主要依赖行政任命。公司的主要领导人往往先由政府直接或间接地选定，然后再在形式上由公司董事会履行一下选举或任命程序，被任命为领导人。国有企业甚至存在着同政府机构相类似的行政（政治）级别，公司高级管理人员往往出现"商而优则仕"的现象，升迁时主要依靠的是政治关系而非企业家才能，这就带来一个严重的问题：职业经理人进入公司制国有企业参与治理的通道被堵塞。而我国绝大多数民营企业采用的是家族式的经营模式，这使得民营企业的高层管理人员以家族成员为主，封闭的管理模式也阻碍了职业经理人在民营企业的发展。这也是为什么我国自 20 世纪 80 年代就倡导建立的职业经理人阶层到现在还不成气候的一个重要原因。其次，中国职业经理人还没有得到充分认同。作为职业经理人在中国还有一个被认识的过程，中国公众对职业经理人的认识还很模糊，对经理人作为一种职业在现代企业制度中的地位和作用认识不足。中国的企业招聘职业经理人很少，既有权力和利益的考虑，也有缺乏信任和价值认同的问题。最后，嫁接职业经理人供求之间的中介不通畅。在国外，职业经理人的流动主要依靠中介，即猎头公司。而我国的猎头行业至今没有非常明确的市场准入证，猎头行业的发展还处于不规范阶段，既没有形成巨头，也没有激烈的竞争。如前所述，我国的资本市场也处于发展阶段，股票的价格并不能真正反映经理人经营的效果，控制权的争夺也很难真正反映股东对公司的评价，且在一定程度上并不会对经理人造成太大的压力和威胁。

在一定程度上，我国企业经理人的行为更多依赖内部控制机制来制约，而非外部市场的力量。如前所述，我国大部分企业存在着董事会对经理层制衡弱化的现象，经理人的行为主要来自大股东的约束。对于国有企业而言，由于所有者主体的缺位，经理人的行为在很大程度上受到政府行政任免和考核的约束。而对于民营企业，经理人则直接受制于控股股东。从经理层的薪酬激励机制来看，相对于国外市场经理人薪酬，中国经理人薪酬普遍偏低，且薪酬和约以固定收益为主。近些年来，国有资产监督管理委员会主导了大量国有企业负责人薪酬管理办法的改革，如 2004 年出台的《中央企业负责人薪酬管理暂行办法》，2005 年开始全面进行股权分置改革，国有企业股权激励改革作为一个重要议题也被提上日程，2006 年，国资委和财政部共同发布了境外和境内《〈国有控股上市公司实施股权激励试行办法〉的通知》，标志着国有企业股权激励正式开始试行，2007 年开始实行《中央企业负责人业绩考核暂行办法》，自 2008 年 10 月，国资委和财政部联合发布了《关于规范国有控股上市公司实施股权激励制度有关问题的通知》。很多民营企业也对经理层实施了股权激励措施。股权激励措施的确立对于建立经理人市场的薪酬反应机制有很好的促进作用，但其作用的发挥还有待于我国资本市场的完善。而对于国有企业而言，经理层的去行政化也是股权激励措施发挥作用的关键，在我国"官本位"思想严重的背景下，国有企业的经理层主要的激励并不是来自薪酬，更多的是来自职务的升迁。

（五）信息披露现状

资本市场的信息透明度越高，资本市场的有效性就越强，投资者就越容易作出有效的投资决策。一个强大的证券市场，依赖于有效的信息披露机制。上市公司业务和财务状况、公司管理、公司治理、公司风险、公司前景等信息的完善披露，可以降低信息不对称程度，减少信息不对称给投资者带来的风险；可以帮助投资者有效地筛选、甄别以及监督发行人，提高监督效率和履约效率，减少外部股东的监督费用、代理成本和履约成本，暴露和阻遏上市公司内部人的不当行为和欺诈风险，增加公司利益侵害者的私人成本，从而为投资者提供更好的财产权保护；可以强化上市公司的外部监督和市场竞争压力，推动上市公司不断改善公司治理和公司管理，完善上市公司的问责机制，提升上市公司的价值创造能力与竞争优势，促进上市公司不断进步；可以降低信息费用和信息不完全程度，便于投资者更好地对上市公司风险和投资价值作出判断和评估，使外部投资者成为拥有足够信息的证券交易者，避免盲目投资、盲目跟风，提高股票价格的信息含量，推动资本市场更加健康、高效地发展；可以提高市场效率和公信力，打造阳光资本市场，促进资本市场的公平、公正与清廉，维持市场信心和稳定性，促进企业外部股权融资渠道的发展，促进社会投资和资本市场繁荣。

2002 年，英国公认会计师公会（ACCA）对中国上市公司透明度进行调查的结果显示，80% 的上海地区高级会计人员认为我国上市公司缺乏足够的财务透明度，尽管每个财务官都认为自己的公司非常重视保护股东的利益，但他们承认，在董事会上谈论更多的是财务报表是否合法，是否能够过关，而不会考虑投资者还需要知道什么，以及应该让他们知道什么。根据国家会计学院《会计诚信教育》课题组 2004 年对 23 个地区 216 家企业总会计师进行的问卷调查，对于上市公司对外披露的财务会计报告，69.85% 的被调查者认为"大部分不可信"，8.04% 的被调查者认为"完全不可信"，仅有 2.51% 的被调查者认为"可信"，而另有 39 人回答"难说"。由此可见，我国上市公司财务报告的可信度极低。蒋义宏等（2006）对基金管理人的调查表明，88% 的基金管理人认为多数上市公司存在程度不同的会计信息失真现象，其中，18.75% 的调查对象认为多数公司的多数项目存在会计信息失真的现象，而 68.35% 的调查对象认为多数公司的个别项目存在信息失真。

从以上的调查分析结果可以看到，我国上市公司的信息披露缺乏透明度，信息可信度较低。我国上市公司信息披露透明度不高的主要表现为：一是信息披露不及时。自 1995 年至 2007 年，被中国证券监督管理委员会、财政部、上海证券交易所、深圳证券交易所查处并公布的上市公司的 431 次违规行为中，"未及时公布公司重大事项"就占 51.48%，几乎为被查处违规类型的半数。[①] 可见，隐瞒公司重要信息（如巨额担保、重大诉讼、关联交易等），不及时向投资者披露公司重大事项已成为我国上市公司主要的违规信息披露类型。我国上市公司存在较为明显的"好"消息早报，而"坏"消息晚报的习惯。二是信息披露不完整。上市公司选择性信息披露现象非常普遍，可以说几乎每一家公司都希望能给企业带来最大限度的积极效应，都在有意或者无意地进行选择性披露。例如，公司在披露利好消息时，通常都"不厌其详"；而公司在披露不好消息时，通常都"言简意赅"甚至"压根不提"，针对重大性事件披露时，上市公司通常隐瞒公司不好的消息，或者推迟披露不好的消息，或者选择"最佳"时机披露不好的消息。三是信息披露不真实和不准确。很多实证研究表明，由于利润对中国上市公司在发行新股、配股、保牌和避免特别处理等方面具有特殊的意义，上市公司在IPO、再融资和避免摘牌或特别处理过程中广泛存在着围绕利润的虚假信息披露行为。汪宜霞和夏新平（2004）对我国 1997 年 7 月～1998 年 12 月上市的 146 家A 股上市公司的招股说明书的信息含量和新股长期市场表现之间关系的研究表明，招股说明书中相关的历史会计信息存在过度包装成分，而其盈利预测信息则过于乐观，投资者依据该信息所做的投资决策在长期内并不能实现其价值最大化的目标。傅蕴英等（2004）以 1999～2001 年进行了配股的 106 家上市公司作为研究样本，证明了那些预计在来年实施配股的公司尤其是经营业绩差的配股公司的确进行了较大程度的盈余管理。王亚平等（2006）的实证表明中国上市公司从

---

① 数据来源于上海证券交易所研究报告：《中国公司治理报告（2008）：公司透明度与信息披露》。

1995 年至 2005 年都存在为避免报告亏损而进行的盈余管理。四是信息披露对象的选择性。随着股权分置改革的顺利完成、证券市场逐渐进入全流通时代，部分上市公司通过选择性信息披露吸引机构投资者购买其证券，而不是公平地向市场所有投资者披露，以至于造成大量的小道消息和内幕信息广泛传播。这使得市场的大部分投资者与少数知情投资者站在了不同的起跑线上，加剧了投资者之间的信息不对称，而信息的不对称性则严重损害了证券市场的公平性，不利于中小投资者权益保护。

（六）利益相关者治理现状

利益相关者主要包括债权人、职工、消费者、供应商、社区等。而在诸多利益相关者中，债权人和职工是最主要的利益相关者。

我国企业债权人治理的特征有：第一，银行不具有真实的独立性。银行是我国资本市场的主要债权人，而有时候银行的放贷行为是非市场化、非商业化的，经常受到国家政策甚至行政意志的左右，银行与国有企业的关系纠缠不清、产权不明，债务人与债权人相同的"国有"身份容易造成债权预算的软约束。这种软约束使得银行很难有利益激励和责任约束去真正关心企业的经营状况，因而导致银行参与公司治理的积极性不高。第二，银行与企业之间关系的制度设计并未有效地激励银行参与对公司的治理。我国银企关系的制度设计以防范金融风险为首要目的，并不能鼓励银行积极参与公司治理，所以银行仅以一种消极的心态参与公司治理。第三，破产退出机制和相机治理机制的失灵。当企业经营不善以致"资不抵债"时，通过破产机制，企业剩余控制权和剩余索取权就会由股东转移给债权人，但我国的公司实际情形并非如此，我国的现行企业破产法律制度还很不健全，现行立法就企业破产时如何发挥债权人的"相机控制"作用没有明确规定，债权人根本无法接管企业，企业的清算和重组最终由行政来安排，因此债权人相机控制无法实现。第四，主办银行制度没有发挥应有作用。主办银行制度单纯强调主办银行对企业的金融服务，却忽视了银行对企业监控机制的建立。另外，现行立法禁止商业银行持有其他公司的股票，这就造成了银行作为主要债权人与股东身份的分离，削弱了银行在公司治理中的作用。

我国企业职工的治理特征有：第一，法律法规为我国企业职工参与经营管理提供了很多途径。例如，公司法规定，职工可以入选董事会，可以进入监事会。工会也是维护职工合法权益的重要组织，在保障职工行使民主权利、指导职工签订集体合同、监督企业遵守劳动法规方面发挥了重要作用。第二，由于体制环境的原因，职工在一定程度上参与公司治理的作用明显。例如，董事会和监事会的职工代表在实际中是公司的中高层领导，并无法实际代表职工的利益。另外，随着经济的发展和竞争的激烈，很多企业开始关注与客户关系的管理，以及对社会责任的承担。

三、
中国公司治理目前存在的主要问题

从以上分析可以看出，中国已经搭建起了公司治理的基本制度和架构，与发达国家相比，在形式上，中国上市公司治理规范已经具备了公司治理规范的主要内容。但正如沃克评价 OECD 公司治理评估结论所言，"公司治理规则的挑战主要在于真正落实好已有的基础的和重要的规则"。公司治理结构的正常运作还依赖于健康的资本市场和经济环境，这是一个合力的过程。目前中国公司治理结构虽然已经搭建，但是由于资本市场等环境因素的影响，公司治理机制弱化或者失灵，公司治理效率相对来说较低。中国公司目前存在的主要问题及成因有：

1. 存在严重的"内部人控制"现象

我国无论是国有企业还是民营企业均存在"内部人控制"现象。我国国有企业"内部人控制"问题主要表现在：国有企业实行公司制改革后，由于国有资本投资主体的不确定性，所有者主体往往被肢解，分散到各个不同的行政机关手中，有的国有资本甚至无代表机构持股。在当时"政企不分"和"政资不分"的情况下，政府同企业的关系不是以资本为纽带的出资人同企业的产权关系，而是一种行政授权的关系。其结果是一方面使得政府对企业在行政上表现为"超强控制"，另一方面表现为产权上的"超弱控制"。最后，经理人员同政府博弈的结果是，一部分经理利用政府产权的超弱控制形成了事实上的内部人控制，谋取自己的利益，同时又利用政府行政广泛的超强控制推脱责任，转嫁自己的风险。这一状况现已随着国资委的成立得到一定程度的缓解。民营企业的"内部人控制"现象和国有企业截然不同，民营企业控股股东由于股权的高度集中，实际上形成了对董事会和经理层的控制，从而利用自己的控制权为自己谋利。无论是国有企业的"内部控制人"现象还是民营企业的"内部控制人"现象都对中小股东的利益造成了严重的损害，所不同的是国有企业的"内部控制人"现象是由所有者缺位造成的经理人的控制，而民营企业的"内部控制人"现象则是由控股股东形成的控制。

2. 内部治理功能弱化

主要表现为董事会独立性不强、监事会作用有限和独立董事功能弱化。第一，董事会独立性不强。我国现行的公司治理结构主要有两种模式，即控股股东模式和关键人模式。控股股东模式即控股股东利用自己拥有的控股地位，推荐自己的代表出任董事，在董事会里形成多数，从而把持董事会，使得公司经营决策都能够按照自己的意志进行；关键人模式通常为公司的最高级管理人员，大权独揽，且常常集控制权、执行权和监督权于一身，公司内部的一般员工（包括其他内部董事）和数量很少的外部独立董事，在公司治理过程中发挥的作用很小。这两种模式的共同特点就是使得公司的决策、权力中心——董事会的独立性受到干扰。虽然一些董事成员是由大股东或其他股东提名，他们以追求个别股东的单独利益为全部目的，这样做的结果只能使董事会的控制决策的正确性大打折扣。而公司的总体利益和长远利益得不到保障。第二，监事会作用有限。我国的监事会主要由公司职工或股东代表组成，他们在行政关系上受制于董事会或兼任公司管理层的董事，而且监事会无权任免董事会或经理班子的成员，无权参与和否决董事会与经理班子的决策，这种状况导致即使董事会有违法违规行为，监事也不敢监督，监督作用难以发挥。即便设立外部监事，比如聘请教授、社会知名人士、专家和学者等兼任外部监事，实际上更多的也只是充当顾问，他们在监督董事会的过程中由于各种因素约束经常显得力不从心。近年来，我国上市公司中违法违规现象屡见不鲜，监事会监督不力，负有不可推卸的责任。第三，独立董事制度功能弱化。为了补充监事会监督功能弱化的问题，2001 年 8 月 21 日，中国证券监督管理委员会颁布了《关于在上市公司建立独立董事制度的指导意见》，在保留监事会制度的基础上，建立内部治理结构的独立董事制度，以加强对公司管理者的监督，提高上市公司的治理效率。然而独立董事制度的建立并没有解决监督的弱化问题。首先，独立董事是兼职董事，没有充足的时间和精力投入公司的事务中，且独立董事对公司的了解主要也是根据管理者提供的有关公司信息的报告，所以存在严重的信息不对称问题。其次，在国有股和国有法人股比重很大的公司，独立董事实际上就是由国有大股东提名的，而国有大股东提名对自己进行监督的独立董事显然不合理。最后，独立董事的市场选择机制、个人信誉和社会评价体系等尚未建立，不利于独立董事履行自己的监督职责。

3. 外部治理机制失效

主要表现为外部控制权市场、经理人市场失效。控制权市场主要是指通过收购兼并、资产重组等方式获取公司控制权，从而实施对公司的资产重组或董事会、经理层的改组变换，它是一个重要的外部激励和约束机制。我国控制权市场的发展相对滞后，其主要原因仍然是股权结构不合理、透明度较差等。无论是代理权竞争还是敌意收购都无法对经理进行有效约束。加之我国真正企业家式的经理人员十分缺乏，经理人才市场也未建立，大多数经理人员由政府任命，使得经理人员的约束进一步受到限制。经理市场也是外部监督公司的主要机制。如前所述，一方面我国国有企业高层管理人员多数是行政任命，另一方面经理人市场本身也不发达，无法通过经理人市场对经理层实施有效的约束和激励。

4. 中小投资者的利益无法得到保护

由于我国企业存在着严重的"内部人控制"现象，内部治理机制弱化，外部治理机制失灵，造成控股股东或者实际控制人损害中小股东利益的情况非常常见。而我国又缺乏可操作性的股东诉讼制度，中小投资者的利益无法得到保护。

本 章 小 结

在我国公司治理建设的过程中，已经颁布了公司治理的主要制度，构建了公司治理的主要框架。但是公司治理是一个系统工程，公司治理结构的有效还必须依赖良好的市场、法律、制度和社会环境。在我国经济转轨的发展过程中，资本市场、产品要素市场、经理人市场还处于发展阶段，而我国的政治、法律体制也正处于改革中，这些导致了我国公司治理的内部功能弱化、外部治理机制失灵，造成"内部控制人"现象严重、中小股东的利益无法得到有效保护等公司治理问题的产生。

第六章

中国公司治理模式的未来
选择与相关政策建议

一、

中国公司治理模式未来选择的原则和现实条件

(一) 公司治理模式选择的原则

由于世界各国历史、文化、政治、法律以及具体制度环境的不同，各国所选择的公司治理模式也有所不同。经过长期的公司发展和企业制度的演变，各国表现出对于公司治理结构和治理机制在运用上的差异性，从而也导致各国公司治理效率的差别。纵观世界典型国家公司治理模式发展和演变的历程，至少可以得出以下结论。

1. 资本市场的发育状况对公司治理模式的形成起着决定性的作用

英、美等国经济发展水平较高，资本市场发育成熟，因而所建立的公司治理模式特别强调资本市场股票的流动性，强调发挥市场监督的作用；而第二次世界大战后的日本和德国在经济恢复时期资金非常短缺，当时公司外部的资本市场又不是太发达，因而日、德两国选择的公司治理模式特别强调发挥银行的监督作用，股票的流动性则相对比较差。因此，在公司外部资本市场并不发达的阶段，仍旧强调股票的流动性和主要发挥市场对经营者的监督作用既不现实也不可行。

2. 政治、法律等因素对公司治理模式产生重要的影响

各国不同法律、法规的限制直接导致了不同的公司治理模式。如美国的格拉斯—斯蒂格尔法就阻碍了美国的银行像德国的银行那样在公司治理中发挥重要的作用。然而，尽管诸如政治、法律和历史的因素对公司治理结构的形成有着重要的影响，但这些因素与公司外部资本市场发育状况等刚性因素不同，它们是具备一定弹性的。比如，在过去一段时期内，英、美两国的经济发展水平和资本市场发育状况基本相似，但却由于主观上的认识不同，对是否允许商业银行持有公司的股票采取了截然相反的态度。尽管英国对银行在公司持股没有什么特别的限制，但英国的银行却很少持股。第二次世界大战后的日本和德国的股权结构虽然比较相似，但在公司治理结构的具体设置和权限划分上，特别是在处理公司职工如何参与公司管理的方式上，采取的做法也完全不同。虽然日本的银行也要遵守"日本式"的格拉斯—斯蒂格尔法，但银行对公司的影响和作用就比在美国要大得多。这些都说明，在经济发展和资本市场发育水平既定的前提下，具体的公司治理模式仍然具有一定的可塑性，这在很大程度上取决于人们的主观认识和选择，为如何选择我国的公司治理模式留出了很大的空间。

3. 历史文化差异也是治理模式选择上不可忽视的因素

　　根植在政治、经济、法律因素背后更深的渊源是文化的因素。以美国为例，个人主义是美国价值观的核心，这种文化特征使得企业的领导体制往往实行较大的分权，同时也是造成美国企业股权高度分散的一个原因，各相关主体无法或不愿意单独付出监控成本，从而寻求外部市场化的监控模式，而这些又都有赖于其相对完善的市场体系和法律制度环境。在企业内部通过正式制度进行协调，员工间的关系建立在工作任务基础之上，不会像东亚国家更重视人情和非正式关系。美国人注重实际利益，因而更倾向于以物质型激励为主的激励方式。在经营创新中，美国人更喜欢短期的或渐进型的项目，以求高的资金回报。

　　而日本的文化价值观与美国截然相反。集体主义和团队精神的价值观影响到公司的股权结构，法人持股率高，公司经营层相对稳定，同时也造成公司的股权缺乏流动性。集体本位主义、注重长远利益的文化也为日本公司实施内部监控提供了坚固的文化基础。以银行为主的金融机构和相互持股的法人组织长期拥有公司的大部分股权，从而内在地实施对公司的治理。日本公司最根本的经营目标是长期增长、最大限度地提高企业的增长速度，相反对短期出现的经济利润问题不作过分的追究。经营者与所有者关系密切，有利于公司保持长远的战略眼光，以较大的自由度去追求经营行为的长期化。企业内部强调集体协调、集体管理的运作方式，强调从企业内部选拔经营者。等级观念使企业在利益分配时采用年功序列制。由于对个人荣辱的重视以及强烈的社会归属感，企业在激励机制上，更多是注重精神型的激励以及对成员所在集体的奖励。

　　由此可见，不同的国家文化很自然地导致了各国在公司治理模式取向上的差异性。

4. 公司治理模式不是一成不变的，而是在不断地发展变化

事实表明，没有一成不变的公司治理模式，各种类型的模式都在随时寻求着优化的方式，并不断适应外部环境的变迁。第二次世界大战后的日本公司治理模式曾对该国的经济高速增长发挥了积极作用，得到了世人公认的高度评价。然而，随着高增长时期的结束，尤其是"泡沫经济"的破灭，有人对日本的公司治理模式是否能在促进日本经济再度辉煌中发挥积极作用产生了怀疑。而另一方面，在美国模式遭遇了自安然事件开始的一系列丑闻之后，人们甚至不能描述一个好的公司治理模式到底应该是什么样的。这些都至少说明了公司治理模式应随着经济水平和企业环境的变化不断发展或重构；否则，过去的有效的公司治理模式在今天就有可能成为制约公司发展的不利因素。

从上述结论可以得到这样的启示：在选择和确定公司治理模式时，既要考虑诸如经济发展和资本市场发展水平等刚性因素的制约，又不应拘泥于政治、法律、文化和历史等软性因素的制约。

（二）中国公司治理目标模式选择的现实条件

在公司治理目标模式的选取上，结合我国的客观情况，认识到其中对目标模式选择可能产生的限制条件，考虑到种种不利因素，对于我们建立一个有效的公司治理模式来说是十分必要的。

1. 市场体系的不完善

中国未来公司治理的创新，很大程度上取决于市场体系完善的程度和进度。我国沿着经济市场化的轨道已经走过二十多年，但由于此前属于纯粹的计划经济体制，计划经济的影响至今尚未完全消除。无论是经济体系还是企业本身，都面临一个市场化概念的重塑过程。同时，企业还缺乏建立规范公司治理所需要的成熟、规范的市场环境。尽管就产品市场来说，市场化程度已相当之高，但要素市场的市场化进程仍受到极大限制。这表现在股票市场、借贷市场、经理市场和劳动力市场上仍保留有强烈的计划经济色彩。

首先，我国公司控制权市场发展的不成熟直接影响到公司治理的改善。我国的公司控制权市场还刚刚起步，存在着很多不够完善的地方：市场小，能发行股票并上市交易的企业相对较少；市场交易还存在制度障碍，股票并没有完全流通，很多领域的国有企业尚未对外资开放等。其次，我国现阶段的借贷市场仍带有较强的计划经济的影子，银行还在执行一些政策性贷款。商业银行，尤其是国

有四大商业银行内部的法人治理也仍处在建设当中，作为企业最大债权人的银行还不能有效介入企业的公司治理中去。同时，有关法律法规对银行直接投资工商企业的限制也制约了银行在工商企业公司治理中的作用。再其次，我国经理市场受到来自户籍制度、干部管理制度等的制约，短期内难以在市场上形成正常的需求，更难以构建一支合格的职业经理人队伍。缺少来自经理市场的竞争，对现任经理无法形成有效的压力，这将会增大代理成本。最后，处于垄断地位的国有企业在改制过程中缺乏来自产品市场的竞争压力，从而使垄断企业缺乏提高管理效率的动力，这些都制约了企业公司治理改进的步伐和国有企业逐步退出竞争性行业的程度。

2. 政府角色的切换

政企分离，早在改革之初就被提出来，但时至今日，真正的政企分离还没有最终完成。政府的社会经济管理职能和国有资产管理职能曾经长期合二为一。在国有企业仍大量留守于竞争性行业的情况下，使得政府的社会目标和企业的经济目标发生冲突，因此往往是经济利益让位于社会利益。事实上，政府作为国有资产管理的代理人，在向市场经济转换过程中，其角色的转换应该是必然也是自然的。然而，要真正实现政府职能的转换还将取决于国有企业逐步退出竞争性行业的程度。此外，国有企业内部行政化的问题仍然存在。目前，国有企业还留有很多政府机关的烙印，很多企业还保留传统体制延续下来的行政级别，企业经理同时具备干部身份，并由上级人事主管部门任命。另外，由于社会保障机制仍未健全，国有企业的社会责任无法完全分离，并且仍然困扰着正在改革进程中的国有企业。

3. 社会文化因素的负面影响

社会文化因素，尤其是道德因素也会制约对公司治理的选择。处于经济转型时期的社会，人们的物质需求欲望被激发后，普遍呈现出浮躁和急功近利的心理，加之由于相关的制度约束还不健全，所以出现了各市场主体为追求当前利益和个人、小集团利益，而践踏市场经济的基本原则，以致出现了诚信危机。

（三）　公司治理模式选择的原则

尽管人们对有效的或者说理想的公司治理结构模式的认识不一样，但只要总结世界各国公司治理结构实践的正反两个方面的经验教训不难看出，一个有效的公司治理结构模式的选择，至少需要坚持以下原则：

1. 与本国的经济发展和资本市场发展水平相适应

公司治理模式的选择与一国经济发展的战略选择有着非常重要的内在联系。一国所选择的经济发展战略模式在一定阶段决定了其公司治理模式的选择。从当下世界各国的经济发展过程来看，有两种主要的经济发展模式：一种是以英美为代表的自然发展模式；另一种是以日德为代表的赶超型模式（系指第二次世界大战后至20世纪80年代初）。不同的经济发展战略对于法律、金融、财税等方面的要求是不一样的。从政府的角度讲，首先要考虑的是确定哪一种经济发展战略，而不是急于去选择什么样的治理和管理模式，然后在这个基础上，再去确定公司治理的大致框架和基本要求。日前我国的经济发展水平和资本市场发展水平其实与战后的日本和德国在很长一段时间内的状况非常相似，所以一个较为可行的选择是主要借鉴日、德两国公司治理模式中适用于我国国情之处，并博采其他国家公司治理结构之长，结合我国实际，创建一种具有中国特色的公司治理结构模式。

2. 与转轨经济的特殊性相适应

经济转轨是一个制度的更新设计过程，目的在于提高本国经济发展能力。发达市场经济国家的公司治理模式经历的是在市场作用条件下历史选择的过程。是所有者与代理人长期博弈的结果。对转型国家而言，转轨取得成功的关键在于适当的制度设计及其有效的运行，这也是建立合理的公司治理模式的前提条件。选择公司治理模式时，既要参考以市场为基础的美英模式和以银行为基础的德日模式，又不能简单地模仿和原地套用，应该从转轨经济的实际出发，积极进行制度创新。公司资产所有权与以市场为主导的公司治理模式是发达市场经济国家的基本特征，而处于转轨经济条件下的国家由于自身缺乏必要的制度条件，因此不能立即实行以市场为基础的公司治理。

因此，对于正处在由中央计划经济向市场经济转型的转轨经济国家而言，公司治理模式的设计尤其要考虑到转轨经济的特殊性，并且不能简单套用发达市场经济国家现有的模式。而我国的情况又与东欧各国的情况有所不同，与后者的全面私有化不同，我国采取的是渐进式的改革，并在引入竞争的基础上逐步实现经济的转型。可以说，出现在苏联和东欧等转轨经济国家的内部人控制模式本身是一种不健全、不完善的模式，这种模式既缺乏股东的内部控制，又缺乏公司外部治理市场有关法规的监控，从而导致公司的经理层和职工成为企业实际控制人，并在某种程度上成为企业的实际所有者。由此，从转轨国家的公司治理模式中我们更多的是汲取教训，以避免走过多的弯路。

3. 公司治理与公司管理相匹配

从企业的角度来看，公司治理模式的选择要与企业的发展阶段结合起来进行考虑。公司治理与公司管理二者的匹配性应当贯穿企业的整个发展过程，成为企业选择适宜的公司治理和管理模式的基本原则。公司治理不能等同于公司管理。特里克（Tricker）教授在他的《公司治理》一书中提出，管理是运营公司，治理则是确保这种运营处于正常的轨道上。公司治理与公司管理是构成企业不可分割的相辅相成的层次，最终目标都是为了创造财富。公司治理规定了整个企业运作的基本网络框架，公司管理则是在既定的框架下驾驭企业实现目标，两者结合于公司的战略管理层次，即董事会对公司经营的主要职能上。有效的公司治理必须有利于企业管理创新能力的产生和发挥。从发展的角度来看，治理成本的增加只是管理创新成本的增加，只要管理创新增加所产生的效益大于治理成本的增加，这种制度变迁就一定会产生。因此，在进行公司治理评价时，不仅要考虑治理制度本身而且还要考虑治理与管理的相互匹配问题。公司治理模式的选择应符合公司的发展战略，并保证公司实现长期的稳定增长与发展；保证公司所有者对公司的经营者进行有效的调控；保证公司经营者具有独立的生产经营自主权，以及能够有效地运用激励和控制等机制全面地调控所有者、经营者和公司职工的行为，并充分地发挥各自的积极性。

二、 中国未来公司治理主导模式的选择

（一）利益相关者治理模式与我国未来公司治理的合理选择

由于转型国家经济和社会过渡的艰巨性与复杂性，构想更加广义的公司治理改革的思路，将有可能是转型国家向市场经济过渡成功的关键。近年来，以约瑟夫·斯蒂格利茨（1999）为代表的新制度学派提出的"利益相关者理论"，将公司的"所有者"拓展到除了股东和管理者之外的其他利益相关集团，包括工人、银行、消费者、供应商和地方政府。斯蒂格利茨转向"利益相关者"的理念，主要是基于现实经济中的信息不对称。在他看来，现实经济与教科书上的模型最重要的不同之处是信息不对称、监督不完善和机会主义行为。也正因为如此，在转轨国家建立规范的公司治理结构远比产权的变革、非国有化或私有化企业在数量上的增加、比重的扩大更为艰难。如果简单地将所谓的"私有权"转移给私人所

有者，其他利益相关者被弃于资源重新配置之外，就自然会采取不合作态度，如地方官员的掠夺性行为、雇员的消极怠工行为等。实际上，各相关利益者的合作是公司在新环境中进行重组所不可或缺的。而股东只是拥有剩余索取权和收益权，对引导公司重建有效机制并没有起到应有的作用。因此，私有化在改革中只能起到一部分产权的作用，并不能替代利益相关者模型所起的作用。因而，按照斯蒂格利茨的逻辑，需要确立一些最重要的经济制度以减少代理环节。这些制度包括：用于执行股东和其他利益相关者权利的法律机制、流动性强的股票市场、开放式投资基金、竞争政策的法律框架、整个会计审计的监督体系，以及管理阶层的职业素养等。由于转轨时期信誉机制和法规的强制力量都很脆弱，阻碍了市场经济的正常运行。为此，应尽量保留现存的社会资本，并着手建立新的社会资本，建立广泛认同的社会契约，而不是向个别人转移巨额的社会财富。否则，社会资本就会遭到破坏。因此，对于转轨经济国家利益相关者模式尤其适用。

近年来，中国股市问题重重已是不争的事实。对于上市公司造假、庄家人为炒作、大股东操纵等违纪现象的出现，人们多会归结为上市公司质量不高、治理结构不完善的结果。那么，又是什么导致中国上市公司治理结构不完善的呢？目前一种普遍的看法是，股权过分集中带来公司庞大的资源被个别集团所利用与掠夺，董事会、监事会甚至股东大会形同虚设；上市公司被某既得利益集团个人所操纵而出现运作上的透明度低、缺乏有效监管和决策上的内幕重重而造成上市公司业绩的滑坡和资源的流失；股市的国有性导致股市的资源完全为国有公司所垄断，并为设租、寻租、腐败创造条件等。事实上。这方方面面的问题，根源仍在于中国还没有找到一种基本上适应中国发展的公司治理模式，而是机械地模仿美国的公司治理模式，即股东至上的公司治理模式。

实际上，公司治理结构并非仅是股东至上的委托—代理关系，也并非只是股东与在职经理之间的利益调配，公司治理结构应该是企业的相关利益者对公司所有权的分配结果。如果把企业看作是企业参加者的联合，参与者包括雇员、投资者、供应商、经销商、消费者、公司经理以及其他的相关利益者，那么企业就成了一种利益相关者的谈判协调机制。在这种谈判协调机制下，企业利益相关者之间的任何谈判结果都将决定企业所有权的分配。而分配的结果具体表现为公司的治理结构模式。而对于任何一家企业来说，企业的相关利益者都是具体的、实在的，他们有不同的利益、不同的文化背景以及不同的思维方式，因此利益相关者的谈判方式也各不相同。而企业作为一种利益相关者之间的再谈判机制，其所有权的实际分配通常由各方不断谈判的过程来决定。这些谈判不断地改变着企业原有的运作规则、利益分配格局及行为方式，因此法律对各相关利益者所有权的认可也是相对的。特别是现实的经济环境与条件发生了变化时，企业相关利益者同样也会改变对各自谈判力的认识，这时他们就会要求通过谈判重新分配所有权。同时，如果谈判的某一方非常担心可能失去既有的谈判成果时他或会对新的谈判进行消极抵制，或力图寻找一个自己损失最小的相对妥协方案。利益相关者的利益所在是针对企业的所有权，而这个所有权的分配是通过谈判产生的，并由此决定了企业的治理结构模式。

（二）利益相关者理论的理论缺陷和实施条件限制

尽管如此，利益相关者模式在理论上仍存在固有的缺陷，实施条件也尚未具备或完善，在实践中需要进一步的改善。

首先，从理论上讲，传统的企业理论假设企业生产经营目标是一元的，即实现经济利润最大化，而利益相关者模式将企业的生产经营目标定义为多元的，其中既有社会性的、政治性的，也有经济性的。这样的企业实际上是一个政治经济目标合一的组织，带有很强的公益色彩，其结果必然引起企业经营效率的损失。这样容易导致一个两难困境：任由企业追求利润最大化，会对社会造成负外部性，从而提高社会成本、造成社会福利损失；采用各类管制手段，也包括通过外部调控方式和利益相关者的内嵌方式，虽能部分地解决市场失效或降低企业活动的负外部性，但会造成经济效率的损失，尤其是后一种方式，经济效率的损失仍然不可估计。

其次，在实践应用中利益相关者模式涵盖的权益主体过于宽泛。不便于实际操作。比如产品市场的利益相关者，虽与企业之间利害相关，但因其数目众多，很难组织起来采取有效行动。因此，与其通过这种"内嵌"方式，不如通过同家或司法干预方式来维护其合法权益，或是通过"看不见的手"的作用，成本更低一些。利益相关者模式在理论上无疑是富有新意的，但就目前而言，其有效性尚缺乏实践的检验和相应的实证研究的支持。这就对利益相关者治理模式的可行性和效果提出了质疑。而且调查结果也表明，企业圆桌会议和经营者阶层对该模式普遍持反对态度。

最后，相关利益者模式是建立在所有权集中分散对称配置给所有利益相关者的假设基础之上，但实际上，把企业所有权集中分散对称配置于所有利益相关者在现实中是无法实现的。

此外，利益相关者模式的缺陷还表现在诸如忽视了治理主体的主导力量，忽视了对共同治理团队的惩罚机制等问题。

把利益相关者模式设想为一种完美和谐但没有道德风险的机制也是不现实的。理想的公司治理模式，应当定位于股东中心模型和利益相关者模型所界定的均衡区域之内。因此，有必要对相关利益者模式作一修正。基本思路是减少利益相关者在正式治理结构中的纳入程度，采用战略管理的方式加以弥补。事实上，战略管理也应该是公司治理的功能之一，因此，对上述利益相关者治理模式的修正，意味着传统的公司治理理论，包括其功能定位，需要作进一步的修正和发展。

（三）构筑针对"内部人控制"实施外部监督的外部治理机制

正如本书在前面部分中曾经讨论过的，转轨国家公司治理中的最大问题就是"内部人控制"。因此，对处于转型时期的中国的公司治理而言，控制事实上的"内部人控制"显得尤为重要。

转型经济中事实上的"内部人控制"现象是内生的，处于转型经济中的公司经理在企业中已经形成了强有力的控制。没有任何一个外部人拥有决定性的权力，可以因为经理人员的经营业绩不佳或败德行为而将其解职。因此，针对转轨经济中的"内部人控制"现象，采取的有效对策就是实施强有力的外部监督机制。这种机制应该是即便在外部人并不拥有决定性的股份，而公司的经理和职工也不愿放弃其应得利益与权力的情况下，仍然可以高效地发挥作用。一般而言，外部治理机制的实施主体主要为银行（即外部债权人）和证券市场（即分散股东的集合）。

1. 加强银行的监管

针对转型国家银行和股票市场存在着融资倾向严重，而治理职能发挥无力的情况，银行扮演着十分关键的角色（青木昌彦，1995）。通过信用监督，银行在企业经营项目的事前选择中发挥重要作用；通过实行破产威胁，银行可以对企业行使事后相机控制权，这种相机控制权的存在将导致公司预算约束的硬化。当然，这又涉及对银行本身的激励问题，也就是怎样能够使银行有动力去监控内部人控制企业，同时又在一定程度上分散信贷风险。在这种结构中，当企业陷入资金危机时，企业的控制权会自动地从内部人转移到外部人（银行）的手中。银行体系对"内部人控制"的监控效果，还取决于其他互补性的制度安排及其发展。在转型国家中，政府为了保证在政治上的成功，可能会要求银行向企业提供贷款。这种政府担保减少了债权人监督的动力，使银行的预算约束软化，进而导致全面的道德风险。这一示范效应会极大地削弱企业进行重组的动力。"内部人控制"的企业，因其无法对投资者做出可信的偿付承诺，因而很难从外部得到进行重组和投资所需的私人融资。因此，通过银行实行控制导向型融资是比较常见的选择。然而在强调银行机构对"内部人控制"的监督作用的同时还必须加强银行体系的改革与资本市场的完善。在这方面，我们目前可以适当借鉴日本或者德国利用银行对公司经理行为和公司经营进行监控，保护外部股东利益的经验。

2. 强化资本市场的监控

要实现有效的外部监控，还需要竞争性的资本市场、活跃的公司控制权市场和经理人市场等。通过公司控制权市场的企业兼并和股票市场上的"用脚投票"，可以对"终身经营者"实施压力。因为被兼并的业绩差的国有企业的经营者将不得不被免职或降职，甚至失去当前的职位。同时，一个有效的资本市场有利于我国国有企业产权的相机退出和股权的分散化。而后者将逐步瓦解"内部人控制"的基础：在这一方面，我们可以借鉴英、美国家市场导向型模式的特点，比如：发挥机构投资者的积极作用；强调管理层对股东利益的重视；增强董事会的独立性；适当地采用管理层股票期权计划以形成对经理人的有效的激励约束机制等。

中国经济改革之所以产生巨大的效益，主要是因为中国为企业和公司提供了生存、发展、竞争和产生效益的良好的外部环境，是竞争提供了产生更大效率和更低价格的驱动力。尽管如此目前我国公司外部治理机制仍然存在一些问题。例如，由于法律限制，债权人对公司的监控作用较小；由于股权的难以流通，公司控制权市场还未形成；经理人市场缺乏，良好的选聘机制无从发挥；小股东的利益得不到保护等。因此，想要真正实现对"内部人控制"的控制，在当前并非易事。

（四）建立利益相关者共同治理的内部治理结构和产权制度

目前，我国公司内部治理机制中存在的问题主要包括：股权结构不尽合理；董事会独立性不强；监事会的作用得不到切实发挥；内部人具有超强的控制权；激励机制扭曲；信息披露不彻底和缺乏问责机制等。建立利益相关者共同治理的内部治理结构，有助于上述问题的解决。

公司内部治理结构的实质在于协调与明确所有权与经营权分离所产生的代理问题。经济转轨国家改善公司治理结构的核心，则是在所有者与经营者之间，建立起一种相互制衡的经济关系，使公司价值最大化。从转轨路径依赖的角度看，正是这种路径约束使得转型国家中更为复杂和富有争议的问题表现在"公司控制权的重新安排"方面，它是中国、俄罗斯等经济转轨国家与西方市场经济国家在公司治理结构上的本质差异。西方国家的公司治理结构采取的是多种形式，在许多公司中，外部人如大股东（核心股东）、投资基金、战略性的投资者、银行等，都通过其在董事会中的代表在公司治理中起积极作用，特别是在能导致总经理解职的决策上更是如此。中国的困境在于，国家控制着大企业的部分所有权，以及党在人事决策上仍然起作用，这一制度直接导致了经营者市场与官员市场的一体化，并加剧了中国的"企业经营者与政治家混业经营模式"，而且这种管理体制在政治中赋予了混业管理的合法性。

从公司治理的比较研究来看，公司治理结构中董事会（或监事会）的作用以及内部建立市场的作用在网络导向型的体制中较强，尤其是德国和日本。其中的原因主要在于公司的所有权结构相对集中，这与我国的情形比较接近。在我国，股权大量的集中在国家手中，这是否意味我们可以采用德国和日本的模式呢？然而这又涉及法律的限制，因为中国银行法规定，商业银行在境内不得向非银行金融机构和企业投资，保险法规定保险公司的资金不得用于设立证券机构和向企业投资。实施职工持股计划也是实现利益相关者共同治理模式的有效尝试之一。

（五） 保持适当集中的股权

不同的股权结构意味着不同的公司治理结构，从而也就决定着不同的公司绩效。目前，我国国有上市公司普遍存在着"一股独大"的状况。对这个问题的解决是改善我国公司治理机制的首要问题。中国公司治理模式中现存的大多数问题都源于股权过分集中。股权过分集中自然导致诸多问题，譬如最为突出的内部人控制问题。

鉴于股权过分集中，目前中国公司治理模式的确立与完善强调的是股权结构的分散化，中国证券市场发展的思路设计上强调的是股东本位论及其相应的公司治理标准。这自然无法考虑中国转轨经济中各个利益相关者的利益要求。不少经济学家从西方的产权理论出发，严厉谴责国有股"一股独大"，主张与国际接轨，实现国有股"全流通"，认为实施国有股减持将会大大提高市场效率。为了实现股权构的合理与优化，最根本的措施就是继续进行国有股减持，在减持的过程中引入机构投资者和战略投资者，从而改变国有股"一股独大"的状况，形成几个大股东持股比例相当的格局。然而这种理论给人的感觉却是，似乎中国的上市公司都有严重问题。国有股减持实施与停止就意味着决策者对利益相关者的利益要求估计不足，从而导致其政策不断调整。

其实，股权过分集中或分散都不利于公司治理。对此。我们可以从法律体系和文化渊源加以解释。如前所述，从世界范围看，公司治理主要有三种模式：英美市场监控模式、德日的内部监控模式和东南亚的家族控制模式。这三种不同的公司治理模式是对应不同的文化根源和法源基础的。与英美市场监控模式相对应的是英美法系。与德日的内部监控模式相对应的是大陆法系。东南亚国家由于司法体系的不健全，使股权方式的融资无法得到保障，形成了特殊的家族治理模式。英美法系对债权人权利保护、股东权利保护以及执法力度方面都要强于大陆法系国家。因此，英美法系国家的公司股权可以分散，而大陆法系的国家因小股东的权利得不到有效保护，只能采取集中持股的公司治理结构。

我国公司治理方面存在的严重缺陷带来的一个严重后果是：市场的法治环境难以保护小股东的利益。我国实施的是大陆法系，在对小股东权益的保护方面本来就有先天的缺陷，我们不可能实现股权分散条件下的有效公司治理。否则，必须要修改相应的法律，不仅程序复杂，而且时间周期很长。然而，集中的股权未必一定是弊端。从某种角度讲，集中的股权可以激发股东控制经理层的动力，尤其"在法律保护相对较弱的环境下，集中股权可能是特别重要的公司治理机制"（Shleifer & Vishny，1997）。

从世界各国公司治理的发展来看，英美两国的金融机构比以往更多地关注其持有股权的工商业公司的长远发展，较多地对公司运转进行干预，使股票的流动性趋于稳定化。一方面，股权正在逐渐由分散趋向于相对集中；另一方面，德、日公司间的交叉持股正在减少，银行和工商业公司彼此都抛售了对方的部分股份，并对持股结构实施了重组。新的银企股权关系的调整还在进行，股票流动性加大。两种模式都在试图改变股权结构，使股权结构趋于相对集中，从而有利于公司治理的进一步完善。

如前所述，转轨经济中公司治理模式最突出的特点是"内部人控制"。尽管公司治理的问题出在企业内部，而其根源则在于外部治理者治理职责的懈怠和外部治理功能的缺失。针对目前中国公司治理模式中的"内部人控制"现象严重，应当加强专门监督"内部人"行为的外部监督机制。公司外部的监督来自银行和证券市场。因此，外部治理机制的建设尤为紧迫。这其中包括资本市场的完善。

另外，中国的文化和历史发展使相关利益者共同治理公司成为可能。同时相关利益者模式是对转型经济国家最为适用的模式，其对付"内部人控制"和股权过分集中的效果最为显著。同时，相关利益者模式也是世界公司治理发展的未来趋势。

因此，我国未来公司治理的主导目标模式将是建立在以资本市场为主导的外部监控基础上的相关利益者共同治理模式。这一模式的特点将主要体现在：①资本市场监控严密；②股权适度集中；③利益相关者共同治理。

三、

中国未来公司治理完善和发展的政策建议

公司治理是一个系统工程，中国未来公司治理的完善和发展需要从内外两方面对公司治理进行优化。

（一）完善内部公司治理结构，强化内部治理机制

1. 重构有效的董事会

第一，实行董事长和总经理分设，加强董事会的独立性。董事长与总经理的分任有助于实现权力平衡，并增强董事会的独立性以及董事会对经理层的问责性。这种分任制在国有公司中特别重要，是建立有效的国有公司董事会的一个基本步骤。《OECD 国有企业治理指引》也主张董事会主席不得兼任 CEO，这对利益冲突起到了很好地预防作用。对于民营控股企业来说，引入职业经理人对于提高民营企业的管理水平也非常重要，所以董事长和总经理最好也不要兼任。董事长的人选应由股东会而非政府决定，而总经理等则由董事会决定。目的在于实现有效制衡，加强董事会对总经理的监督。

第二，应明确董事会的职责、权力和其应获得的利益。董事会应具有战略决策权、机构和制度设定权、监督经营管理权、对经理人员的任免和考核权等，政府的国有资产管理监督部门不能代替董事会行使这些权力。董事会作为出资人代表，有责任、有义务对资产的保值增值负责，同时要承担起内部监督职责。另外，各种类型的公司在制定工作制度和公司章程时都要根据自身的实际情况，要特别注意细化、量化董事会的职责。因此，完善董事会的构成在一定程度上可以保证企业内部监督的独立性、权威性、专业性和有效性，对解决两权分离后的委托—代理问题具有重要的积极作用。除此之外，对董事应设定合理的激励机制，既设定物质补偿，又要进行精神激励来调动董事的积极性，使其对公司治理进行有效监督。

第三，强化董事会的信息权。信息不对称是董事会被经理层反控制的主要原因之一。因此，确保董事对公司信息的了解，对于董事会正确行使职能，有效监督经理层至关重要。一方面，应当完善董事的知情权以及经理层的说明义务的规定；另一方面，应建立董事会与经理层之间的定期信息快报制度。经理层应定期向董事会上报财务信息和非财务信息。对于财务信息，董事会应根据公司具体情

况制定出合理的财务报告程序，检查公司主要的会计政策并就其是否适当做出决议；经理层应按照财务报告程序定期向董事会汇报公司的财务状况；董事会应当对经理层提交的财务报告进行严格审核。对于非财务信息，如涉及公司正常运营的投资信息、政策信息、生产要素信息、市场供求信息，经理层应保证其准确、客观、及时、全面地提供给董事会。在必要时，董事可以就上述信息对经理提出质询，经理有接受询问并作出解释的义务。

第四，完善独立董事制度。首先，明确独立董事提名程序，提名权转移给提名委员会。虽然我国关于独立董事的提名方面，明确了持有1%股份以上的个人或团体，可以提名独立董事候选人。这一条原本是从保护小股东的利益出发，防止控股股东控制独立董事的选任程序而影响独立董事的独立性。建立独立董事制度的最根本动力，也是在于保护小股东免受大股东和管理层的剥削。但在实际操作中，大部分独立董事还是由控股股东提名的。笔者认为应将独立董事的提名权转交给提名委员会，由于提名委员会中独立董事比例高于1/2，因此通过提名委员会有助于提高独立董事的独立性。另外，独立董事的选择要走出名人、学者和专家的误区，这些名人、学者和专家一般由于其精力时间的有限，很难充分履行独立董事的职责。独立董事应具备财会、管理、法律等专业知识，且需要参与公司董事会运作，如果其具有实际的企业管理、运作经验，切实对公司的经营管理发表建设性意见，独立董事的作用将能得到更好地发挥。

第五，建立董事问责制度。董事会是公司双重委托—代理关系的枢纽，负责沟通公司与股东，股东与经营者的桥梁。董事会既对审查和决定公司发展战略负重要责任，肩负着维护公司长远发展利益，同时又要对公司经营者进行控制和监督，对股东利益负责。由此可见，董事会在公司治理中起着重大作用，而且董事会的质量直接受其董事的影响。我国应该在法律规范中确立董事的问责制度，规定没有履行自己的职责从而给公司股东造成损失的董事，应该承担对股东的赔偿责任。

2. 加强监事会的监督作用

第一，严格监事成员选任资格、优化监事会成员结构。首先，从立法角度设定监事的资格条件，监事会成员应由具备法律、会计、审计等专业知识或经验的人士担任，这样可以保证监事具有高水平的专业素养，对董事及经理人员的不规范行为及其一些失误才能及时、准确地发现。其次，控制监事会成员中内部成员的数量，适当增加外部监事以增强监事会的独立性，此外，要减少兼职监事，增加专职监事，如应该吸收银行代表和公司员工代表进入监事会。

第二，强化监事会的监督职权。在突出监事会享有财务检查权、业务执行监督权及公司人事的监督权的同时，要赋予监事代表公司对董事和经理的起诉权力。允许监事会在特殊情况下，具有可以不经董事会直接向国有资产监督管理部门报告的权利。为加强监事会履行监督的职能，要使审计委员会与监事会密切配合，及时将行使职权中发现的问题通报给监事会，使得监事会采取必要措施。或为确保监事会对公司业务、财务执行整体上的监督，可以尝试接管会计师事务所的审计权。此外，监事会成员的薪金、职位、工作经费必须独立安排，避免受制于经理层，加强监事会的独立性，才能保证监督权的有效实施。

第三，完善监事的激励和约束机制。为解决我国国有公司监事的激励不足问题，为保证对监事的监督权进行有效激励和约束，可考虑对监事实施一定的激励措施。如提高监事的报酬，并且要保证监事的工资福利待遇做出独立的安排，其薪酬不与企业业绩挂钩而以监督工作的优劣为标准。同时，要实行监事问责制度可强化监事的职责。对监事的渎职行为作必要的界定并通过法律规定做出约束，如果监事未尽到应有的义务而给公司造成损失，应让其承担相应的赔偿和法律责任。这样才能促使监事真正关心公司的经营，认真履行职责，充分行使监督的职能。

第四，明确独立董事与监事会的职能，正确处理二者之间的关系。随着逐步建立和推行的独立董事制度，使独立董事的监督职能与监事会相近，两者在行使职权中会产生矛盾和冲突。因此，应明确二者虽均负有监督职责，但侧重点应有所不同。独立董事制度具有事前监督、内部监督和决策过程监督密切结合的特点，而监事会的监督职能按照《公司法》所赋予的产生方式、权限范围与行权过程，表现为事后监督、外部监督、非参与决策过程监督的特点。监事会以财务监督为主，独立董事以业务监督为主，强调两种制度的互补性，如果将这两种制度协调好了，还能够相互监督、相互促进，共同对董事会和经理层实施有效监督。

3. 完善经理人的选拔和激励机制

国有企业股权多元化的公司改造后，原有的国有企业经理人员的选拔、任命制度，如党管干部原则、国家任命国企经理等，和原有的干部管理制度，如行政级别、工资制度、退休制度等在这里都不再适用，应被废弃，并建立完善的经理人报酬激励机制。第一，逐步实现国有公司高管人员选拔和考核市场化。应该按照公平、公开、公正的原则，按市场化方式使制定的经理人选择和考核标准可以克服选拔、考核高级管理人员的暗箱操作问题。第二，建立有效的经理人激励机制，正确认识劳动的价值，使其收入与付出基本相当。以物质激励为主，辅之以精神激励。目前我国企业经营者认为最有效的激励因素是高收入。因此，在方式上，可采取年薪制、远期收入制、资产连带制等，在其薪金构成中，加入与企业长远效益挂钩的部分。据统计，美国的高级管理人员的主要报酬分为三个部分，其中基本报酬占39%，短期奖金占25%，长期奖金占36%，工作的好坏甚至会影响到他们退下来以后的收入。目前我国借鉴了这种方法，对高管人员的薪金采用了基本工资、效益工资和股份期权的方式，以避免企业的短期行为，同时树立对企业长期经营的思想。

4. 明确党委会的定位

对于国有企业而言，还存着党委会等"老三会"和"新三会"之间的关系，特别是党委会和董事会之间的关系。应积极协调国有公司党委会与董事会的关系，促使党组织在企业中的功能定位由全面性功能向政治性功能转化，进而使企业经营模式由政治性管理向经济性管理演进。其一，党委会有权协助公司治理机制的完善，对公司重大改革、重要项目投资、大额资金调度等开展效能检查，及时发现经营管理中的问题，向公司董事会提出完善规章制度的建议，对此，党委会有信息获取权，相关部门有配合义务。其二，严格党委会与董事会的"事权划分"，党委会并非公司的权力机关，不能作为公司的一个经营管理组织，对于董事会权限范围内的事项，董事会经过研究一旦做出决策，党组织没有否决董事会决策的权力。这一点极为重要，否则董事会的职权会遭到党委会"侵犯"，"政企分开"又会面临落空的危险。其三，对"双向进入、交叉任职"的模式应针对国有公司所处领域不同而区别对待。目前，"双向进入、交叉任职"被证明是协调党委会和董事会关系的有效方式，它既能在公司董事会决策的过程中反映党组织的意见和建议，也能把公司董事会的决策结果及时反馈给党组织，减少二者间的内耗成本。之所以要依据国有公司所处领域不同而对该模式进行区别对待，是因为对处于竞争性领域的国有公司而言，经济性是公司的生命，在这类企业决策中，政治性不应成为投资决策的考量因素，当然，这绝不是否认党委会在公司中的政治核心作用；而就非竞争性领域的国有公司来讲，"政治延伸"的角色定位制约了其"经济人"理性，公益性目标往往成为其发展方向的主导，此时，政治因素的考虑就成为一种需要。为此，对非竞争性领域的国有公司可以就该模式的采纳提出明确要求，但对竞争性领域的国有公司则仅应做出提倡性规定，不宜强制推行，这也符合企业经营决策中"政治限权"的思路。

（二）改善外部环境，强化外部治理机制

1. 促进政府职能转变，以法治取代行政干预

在由计划经济体制向社会主义市场经济体制转变的过程中，最重要的就是解

决如何使市场替代政府逐步在资源配置中起到基础性作用的问题。而解决这一问题的关键就在于推进政府职能转变和机构改革，促使政企分开。当前，深化改革逐步完善社会主义市场经济体制，主要取决于两个方面：一方面是深化企业制度改革。这就是要建立产权清晰、权责明确、政企分开、管理科学的现代企业制度，健全企业法人治理结构，使企业真正成为竞争的主体。这是建立新体制的基础。另一方面是加快政府职能转变。在计划经济体制中，政府不仅承担着宏观经济的调控职能，而且还直接以企业所有者的身份参与企业的生产经营活动。其结果是政企不分，政府行为成为企业行为，企业行为也变成了政府行为，政府和企业的职能互相错位。转变政府职能，就是要根本改变这种状况，使政府对企业科学定位，明确自己的权力范围，退出各种经济竞争性活动。这是有效建立起社会主义市场经济体制的关键。政府部门要逐步改变过分依赖行政干预的局面，更多的依照法律法规进行规制，减少根据既定意图来制定政策从而制造市场局势的状况。依据法律，加大对违法违规行为的打击，扩大信息披露的指引，维护良好的市场环境。

2. 继续完善充分竞争的市场环境，加强商品市场的竞争

一般来说，生产企业的经营者在充分竞争的商品市场上要承受来自市场的压力，压力又是经营者工作的动力，因此，商品市场可以通过竞争对经营者的行为进行有效约束。大量所有者控制的企业可以自由进入市场，通过竞争机制影响产品市场价格，从而促使经营者降低成本，增加投入来发挥其制约作用。参与某商品市场的企业越多，竞争越激烈，对商品市场的有效约束程度影响越大，其约束经营者行为的力量就越强。针对我国商品市场存在的问题，现在需要做的工作一是为解决信息不对称问题，应把竞争性的商品市场作为评价和监督企业经营绩效的充分信息指标。二是进一步打破行业垄断，引入竞争机制，促进各类商品服务市场的竞争。改变我国不合理的市场进入限制，减少对从事市场交易活动的限制。三是遏制地方保护主义，消除产品在地区间流动的障碍。

3. 建立健全资本市场，充分发挥资本市场的功能

一般认为，资本市场具有筹集长期资金、优化资源配置、分散投资风险、完善公司治理的功能。尤其是我国国有企业的股份制改革与资本市场的发展密切相关，为资本市场的发展拓宽了基础，资本市场的发展又为国有企业的股份制改革提供了平台。近年来，资本市场对改革国有产权制度和完善国有企业公司治理的作用越来越重要。因此，应从以下几方面来完善资本市场：

首先，注意发展公司控制权市场，建立和完善中国资本市场的收购兼并功

能。通过对上市公司收购、兼并活动制定更严格的豁免程序和信息披露义务等实施细则，鼓励上市公司通过市场进行收购和重组争夺控制权，使不称职的在任经营者被新公司的经营者替换掉。因此，在竞争激烈的资本市场上，所有公司都存在被接管的风险，竞争强有力地威慑了公司经营者，争夺控制权成为对经营者行为制约和监督的有效手段。英美国家控制权市场十分活跃，对公司董事长和总经理的控制权构成了严重的威胁。其次，减少非市场力量在资本市场上发挥作用的范围和程度，政府应把工作的重心放到提供市场信息上来。由于我国存在股权分置、对国有股和法人股流动的限制，使得国有企业剩余索取权不能自由转移，也就无法实现国有企业所有权的优化，另外，政府采用非市场手段过多干预资本市场，使竞争的公平性和有效性遭到破坏，资源配置扭曲，使得要素所有者不能根据市场信息得到正确的预期，进而也对所有权安排的优化产生影响。因此，要达到剩余控制权和剩余索取权的充分对应，应转让剩余索取权，即必须采取适当的方法加强法人股，尤其是国有股的流通。所以，要保证国家、私人投资享有同等待遇，实行同股同权、同股同利原则，努力减少非市场力量在资本市场上发挥作用的范围和程度。最后，要建立一个有足够能力、足够激励对资本市场实施有效监管的相对独立的监管当局，保证证券交易环境的公开、公平、公正，维护交易市场正常、有效的运转。

4. 培育和发展经理人市场

建立和发展我国的经理人市场，由经理人市场选择经营者，是我国企业发展的必然，也是现实的要求。第一，推进经理的职业化。我国经理人员选择机制的形成依赖于企业法人财产权的落实和我国现行干部人事制度的改革，要确立竞争性的、商业性的经理选择机制，就要真正取消国企管理人员的行政级别，不再按国家公务人员管理国有企业的经营管理者，改变仍然存在的国家机关直接任命国有企业经理人员的现象，按《公司法》的要求真正将选择总经理的权力交给董事会，实现经理人才的双向选择，打破经理人才的终身制和身份界限。第二，要在全国范围内培育和完善开放型的经理人市场。通过经理市场的竞争评价经理的价值，比政府行政评价更客观。对公司经理的经营行为进行有效制约应依靠规范的经理市场，经理因为其经营劣迹等丑闻或能力等原因导致企业大规模亏损，或导致企业破产，就意味着经理市场不再承认其职业资格，其职业生涯可能由此中断。相反，管理经验丰富有能力的经理人员在经理市场上就会被高薪聘用。这一规律可以鼓励经理人员努力工作并不断创新。因此，要充分发挥经理人市场选聘、评价经理人的作用。第三，完善经理的考核和评价体系，准确评估经理人员的经营业绩，为经理人员的选聘、奖惩提供依据。具体做法有：建立全国性的人才信息系统，记录并公开有关经理人员的各种信息，包括教育背景和工作实绩等；也要对能反映经理人员能力的密切相关的指标（如利润、技术创新、市场占有等）加以记录和公开。这样企业就可以通过客观的资料来遴选人才。同时，要建立经理市场禁入制度，按规定对违规人员实行市场禁入，以达到警示作用。这样，可以运用市场手段来发挥市场配置人力资源的基础性作用。第四，还要大力培育职业经理人中介组织。目前，在国内，为职业经理人流动提供服务的中介组织——猎头公司的生存和发展还远远不能适应职业经理人市场的发展。为了培育良好的职业经理人市场，有关部门需要为猎头公司制定行业法规，规范猎头公司的市场准入条件与行业运营，保护猎头公司的合法权益。在规范猎头公司行业运营的基础上，积极引导猎头公司进行行业整合，在全国范围内形成若干个具有规模和效益的猎头集团，引领整个行业的健康发展。另外，还要加快人才流动理念的宣传，积极引导企业所有者通过猎头公司选聘职业经理人，使企业所有者尽快认可人才流动给企业所带来的好处，以便为猎头公司的活动提供宽松的活动空间。

5. 改善公司治理的法制环境，建立和完善法律法规

法律制度是公司治理重要的外部治理制度之一。一方面，如果没有完善的法律制度，产权得不到法律保护，投资者等相关者的利益就得不到保证；另一方面，没有完善的法律制度，就没有公平竞争性的市场机制。因此，应从以下几个方面加强法制建设：第一，当务之急是尽快制定一部针对国企产权流动的全面规范的法律，并针对具体操作制定配套性的法规。其对以下问题必须要明确：企业并购审批的主体与时限、并购的操作主体、出售的组织、信息的发布、并购的程序等；企业债务与资产的安排；外资介入的方式、领域及程序；企业的人员安置与保障等。为企业产权交易提供良好的法律环境，提高交易效率，降低交易成本，使产权交易既易于操作，又能符合公平公正原则，才能做到有法可依、有法必依。第二，完善与公司治理相关的法律法规。尽管我国 2005 年《证券法》对 1999 年《证券法》进行了较大幅度的修订和补充，但是在打击市场违规行为和公众投资者权益方面却依然存在许多不足。因此，有必要进一步完善现行《证券法》中相关内部人监管条款，强化投资者保护，在证券法中更加明确投资者保护制度并细化规则。笔者认为，在新兴市场上，如何保护中小投资者利益仍然是值得关注和解决的问题。投资者利益高于一切是资本市场的最基本原则，是制定资本市场相关法律法规和市场规范与监管的标准。在股权分置改革完成后，中国证券市场上不同投资者、内外部股东之间的利益如何进行协调统一，在股市这一平台上共同追求投资回报，能否提高上市公司质量、规范公司治理、完善企业制度，使投资者获得合理回报和持续稳定的利润分配？这些问题直接关系到我国股

市的前途和命运，也是保护公众投资者利益、保护股东利益、特别是中小股东的根本。因此，应该制定《证券投资者权益保护法》，通过司法解释改变虚假陈述以外的案件缺少立案依据的现实，使中小投资者在证券违法行为遭受损失时，能够通过司法途径维护自己的权益。

6. 完善信息披露制度

真实的信息在现代公司治理机制中占有非常重要的地位，是提高公司治理效率不可或缺的重要因素。首先，投资者的投资决策、交易行为取决于公司内部的会计信息。尤其是上市公司股价能否真实反映公司的内在价值，能否使资金、人力资源的配置效率最佳，都在于股价要真实地反映公司的相关信息。其次，只有根据准确而有效的信息，股东、董事和监事在监督管理公司时才能发挥有效效力。如果受监督主体与被监督对象之间信息不对称的影响，就要付出巨大的监督成本，降低监督效力。此外，得到与决策相关的准确有效的信息也是债务约束机制起作用的前提条件。总之，公司治理机制要起到有效作用，监督主体和投资主体都必须得到真实可靠的信息，才能促进企业健康发展。因此，我国要建立现代企业制度，需要建立完善的信息披露制度。

第一，要规范信息披露的范围，如规范信息披露的内容、时间、语言、格式、规则等：使披露的信息是投资者需要的，提高信息披露质量，得到投资者的认可；要求公司披露信息及时，不得拖延；使信息重点突出，浅显易懂，信息的披露更为透明；推行统一的、规范化的信息披露编报规则，提高信息披露质量。

第二，要建立信息披露问责制度。首先，要明确公司内部各组成机构和社会中介机构在信息披露方面的责任，通过建立诚信档案、公告制度，董事、监事等内部机构和社会中介机构的信息披露行为进行详细记录，对于失职的个人和机构轻则列入"黑名单"，并通过相关媒体公开曝光进行惩戒，重则要追究其相应的民事、行政和刑事责任。对于监管机构的失职，投资者可通过相应机制诉诸法律手段提出赔偿。

第三，利用新技术、新方法丰富监管信息披露手段。目前我国上市公司信息披露的载体以指定报刊和指定网站为主，还未建立基于互联网的电子化信息披露系统，因而影响了信息披露的效率。借鉴国外证券市场经验，我国有必要建立上市公司信息披露电子化系统，使投资者可以通过互联网等现代化媒介快速了解上市公司披露的即时信息。同时，完善信息披露评价系统、建立举报电子信箱，对于失信的公司进行即时举报，投资者可以对公司的信息披露进行网上监督，以加强对于公司的监督。当然，要提高信息披露的质量，除完善规则和加强监管外，还依赖于董事的诚信，公司内部治理机构的完善，中介机构的执业道德和素质，市场上的舆论监督，反欺诈手段的力度等。

第四，完善对证券民事责任方面的规定。从我国目前法律制度的健全程度看，争议较多的是缺乏民事责任的具体规定，投资者仅能对因虚假陈述造成的损害主张民事赔偿。因此，应该赋予投资者对所有因违法披露信息造成的损害提起民事赔偿的权利，建立和完善股东集团诉讼和股东衍生诉讼机制，明确不同违规行为所适用的司法程序，形成一个完备的上市公司信息披露法律责任的追究和惩戒机制。另外，还要调整部分信息披露立法标准，对部分不合理的立法形式进行调整。

第五，改革会计信息披露制度。关键是要使注册会计师保持独立性，严格遵守准则及执业规范指南，同时，证监会还应加强对注册会计师及事务所的审查，形成约束机制及例行制度，并尽快界定注册会计师的法律责任。针对股票市场中出现的新问题，中国证监会应当作出一定的披露规范，作为对会计准则的补充。另外，还应当修改会计法，在会计法中增加对会计师法律责任的相关规定。同时要充分发挥会计行业主管部门的主导作用，切实履行会计监督职责，围绕新会计审计准则体系的贯彻实施，组织专员办重点强化对中央企业、上市公司和证券资格事务所的行政监管，组织地方财政部门切实加大对国有、民营、外资企业和行政事业单位以及中小事务所的监督检查，进一步加大处理处罚和公开曝光力度，切实提高会计行业的风险意识和诚信水平，促进会计信息质量和会计师事务所执业质量的全面提升（赵朝虎，2008）。

7. 加强机构投资者治理机制

股权分置改革的实施创造了一个活跃的股权流通市场，降低了大股东的持股比例，达到上市公司股权相对分散的目的，在一定程度上也提高了中国上市公司的公司治理水平。其中，公司治理结构的一个重要变化在于机构投资者将在公司治理结构中发挥更加重要的作用。近年来，我国资本市场的改革发展工作不断向纵深推进，机构投资者发展的市场环境逐步改善，以证券投资基金为主体的多元化机构投资者队伍进一步发展壮大。但是，当前我国机构投资者参与公司治理与国外成熟市场机构投资者对公司治理的参与相比，还存在较大差距。为了加强机构投资者参与公司治理的能力和积极性，笔者认为，应该进一步推进资本市场的改革和发展，实现我国资本市场的持续稳定健康发展，不断强化和提高我国资本市场的竞争力与吸引力，坚定不移地发展壮大机构投资者队伍。要继续深化改革，进一步为机构投资者发展营造有利的市场环境，大力发展证券投资基金，积极推动基金业做优做强；要稳步扩大合格的境外机构投资者（QFII）的规模，积极推进合格境内机构投资者（QDII）试点，进一步完善资本市场与保险市场和商业银行的互动发展机制；要配合养老体系的改革，为长期资金入市创造良好的政策环境；要提高机构投资者公司治理水平、风险控制能力，切实履行受托人义务。

8. 建立债权人参与公司治理的机制

第一，加快国有商业银行的商业化进程。我国银行债务约束的制度根源在于国有商业银行还没有实现真正的商业化。由于政府强迫银行向效益差的企业贷款，造成银行的财务状况恶化，导致了银行作为债权人的消极状态，知道即使破产的话也一定会受到政府的救助。因此应当大力重构现代金融体系，推进商业银行的真正商业化，发挥银行应有的治理作用。有的学者建议，作为过渡措施，可以鼓励金融资产管理公司作为非银行金融机构积极参与企业治理。

第二，积极发展公司债券市场。目前，我国债券市场规模偏小、投资者不合理、制度环境滞后，这些因素严重阻碍了我国债券市场的发展。因此，通过改善制度环境促进公司债券市场的发展将有力地改变我国公司整体上的资本结构状况。应当看到，通过发行公司债券，公司将面对广大债券投资者，这种债务是公司必须偿还的，因此发行公司债券有助于形成一种硬性约束，强化公司的债务意识。

第三，实行银行适度持股与主办银行制度。在国有银行商业化、股份制的改造基本完成后，可考虑适时修改《商业银行法》和《证券法》的相关条款，允许商业银行适度持有企业股份。允许银行对企业战略性持股是世界范围内的趋势，在我国更具有深远意义。在允许商业银行持股后，可充分发挥作为主要债权人和股东的银行在公司治理中具有的信息优势和较强的监控能力，形成债权与股权的约束合力，从而在公司治理中发挥更大的作用。银行要在公司治理中发挥更大作用，债权与股权约束机制的共同作用非常关键，离开了股权治理机制的支撑，银行的债权治理效应将大打折扣。在允许银行适度持股的法律施行后，应继续完善主办银行制度，为银行实施相机治理。

第四，修改完善相关法律，构筑良好的法制基础。在市场经济中，许多交易行为的发生及完成都需要一系列法律来加以保障。公司治理涉及利益主体众多，它们之间的权利义务关系的确定也需要以相应的法律为标准。通过本书第三部分的论述可见，我国现行立法体系在相关债权人参与公司治理方面的规定偏弱，因此需要修改完善相关法律，构筑良好的法制基础，主要包括两个方面：一是加快现行相关法律的修改。如修改《商业银行法》、《证券法》等。二是根据债权人参与公司治理的特别要求，制定新的法律法规，使债权人参与公司治理有法可依。同时还应当加强相关配套法律法规的制定，如公司债权人知情权制度、完善公司信息披露制度等。

9. 创建公司治理的良好社会环境

在社会环境方面，可以考虑加大媒体舆论的保护力度，支持媒体发挥舆论监督作用。对投资者积极引导，鼓励价值投资理念，打击坐庄操纵行为，逐步强制规范社会责任、内部控制等信息披露。加强食品安全监督，防范食品安全风险，保护员工利益。加强公司治理的理念宣传，使公司治理理念深入人心。

本 章 小 结

在总结世界典型公司治理模式、国家公司治理的演变规律的基础上，结合我国的现实情况，中国未来公司治理模式的选择应该是建立在以资本市场为主导的外部监控基础上的相关利益者共同治理模式。这一模式的特点将主要体现在：①资本市场监控严密；②股权适度集中；③利益相关者共同治理。对于我国来说，建立相关利益者共同治理模式，需要通过重构有效的董事会、强化监事会的监督、完善经理人的选拔和激励机制、明确党委会的地位等举措强化公司内部治理机制，完善内部治理结构。同时，还要通过政府职称的改变、充分竞争的产品市场的建立、资本市场的完善和发展、经理人市场的培育和发展、公司治理法制环境的改善、信息披露制度的完善，以及债权人和机构投资者参与公司治理机制的构建和良好社会环境的创建，强化公司外部治理机制。

参 考 文 献

[1] 梅慎实著：《现代法人治理结构规范运作论》，中国法制出版社 2001 年版。

[2] 刘连煜著：《公司治理与公司社会责任》，中国政法大学出版社 2001 年版。

[3] 李维安、武立东编著：《公司治理教程》，上海人民出版社 2002 年版。

[4] 廖理主等著：《公司治理与独立董事》，中国计划出版社 2002 年版。

[5] 詹小洪：《各国公司治理结构概观》，载于《改革》1994 年第 6 期。

[6] 卢昌崇著：《公司治理结构》，北京大学出版社 2002 年版。

[7] 孙永祥著：《公司治理结构：理论与实证研究分析》，上海人民出版社 2002 年版。

[8] 徐向艺著：《公司治理制度安排与组织设计》，经济科学出版社 2006 年版。

[9] 梁爱云：《西方发达国家公司治理形态的比较与演进趋势》，载于《学术研究》2001 年第 5 期。

[10] 张春霖：《公司治理改革的国际趋势》，载于《世界经济与政治》2002 年第 5 期。

[11] 刘人怀、叶向阳：《公司治理：理论演进与实践发展的分析框架》，载于《经济体制改革》2003 年第 4 期。

[12] 青木昌彦著：《比较制度分析》，上海远东出版社 2001 年版。

[13] 何浚：《上市公司治理结构的实证分析》，载于《经济研究》1998 年第 5 期。

[14] 李明辉：《公司治理模式的趋同化与持久性研究》，载于《经济评论》2007 年第 4 期。

[15] 张丽君：《比较公司治理：一个新的视角》，载于《当代财经》2006 年第 2 期。

[16] 青木昌彦、钱颖一著：《转轨经济中的治理结构：内部人控制和银行的作用》，中国经济出版社 1995 年版。

[17] 胡方、皇甫俊：《近年来日本企业治理结构的变化及其原因》，载于

《经济研究》2005 年第 5 期。

[18] 经济合作与发展组织：《OECD 公司治理原则》，中国财政经济出版社 2004 年版。

[19] 张维迎著：《企业的企业家——契约理论》，上海人民出版社 1999 年版。

[20] 周守华、杨惠敏：《从公司治理模式透析财务管理目标》，载于《会计研究》2000 年第 9 期。

[21] 吴敬琏著：《现代公司与企业改革》，天津人民出版社 1994 年版。

[22] 费方域著：《企业的产权分析》，上海三联书店 1998 年版。

[23] 王斌著：《股权结构论》，中国财政经济出版社 2001 年版。

[24] 孔祥俊著：《公司法要论》，人民法院出版社 1997 年版。

[25] 何美欢著：《公众公司及其股权证券》，北京大学出版社 1999 年版。

[26] 段亚林著：《论大股东股权滥用及实例经济》，管理出版社 2001 年版。

[27] 王斌著：《股权结构论》，中国财政经济出版社 2001 年版。

[28] 曹富国著：《少数股东保护与公司治理》，社会科学文献出版社 2006 年版。

[29] 范健、蒋大兴著：《公司法论》，南京大学出版社 1997 年版。

[30] 卞耀武主编：《当代外国公司法》，法律出版社 1995 年版。

[31] 王文钦著：《公司治理结构之研究》，中国人民大学出版社 2005 年版。

[32] 薛有志：《公司治理结构认识上的误区》，载于《经济学动态》2000 年第 4 期。

[33] 裴武威：《公司治理评价体系研究》，载于《投资与证券》2000 年第 3 期。

[34] 杨瑞龙、周业安：《一个关于企业所有权安排的规范性分析框架及理含义》，载于《经济研究》1997 年第 1 期。

[35] 林毅夫、蔡昉、李周著：《充分信息与国有企业改革》，上海人民出版社 1997 年版。

[36] 武巧珍、贺晓春：《公司治理结构的发展趋势与我国公司治理结构的现状分析》，载于《经济问题》2002 年第 4 期。

[37] 何玉长著：《国有公司产权结构与治理结构》，上海财经大学出版社 1997 年版。

[38] 梁能著：《公司治理结构：中国的实践与美国的经验》，中国人民大学出版社 2000 年版。

[39] 王保树著：《全球竞争体制下的公司法改革》，中国政法大学出版社

2003 年版。

　　[40] 道格拉斯·C·诺斯著：《制度、制度变迁与经济绩效》，上海三联书店 1994 年版。

　　[41] 青木昌彦、奥野正宽著：《经济体制的比较制度分析》，中国出版社 2001 年版。

　　[42] 郧红艳：《中国公司治理的路径依赖——理论与实证分析》，载于《中国工程科学》2004 年第 2 期。

　　[43] 郑红亮、王凤彬：《中国公司治理结构改革研究：一个理论综述》，载于《管理世界》2000 年第 5 期。

　　[44] 李维安等著：《美国的公司治理：马其诺防线》，中国财政经济出版社 2003 年版。

　　[45] 梁能著：《公司治理结构：中国的实践与美国的经验》，中国人民大学出版社 2000 年版。

　　[46] 鲁桐：《独立董事制度的发展及其在中国的实践》，载于《世界经济》2002 年第 6 期。

　　[47] 李薇、许新强：《我国上市公司治理存在的问题及对策研究》，载于《新疆财经》2004 年第 1 期。

　　[48] 姚伟、黄卓、郭磊：《公司治理理论前沿综述》，载于《经济研究》2003 年第 5 期。

　　[49] 吴晓求著：《中国上市公司：资本结构与公司治理》，中国人民大学出版社 2003 年版。

　　[50] 姜国华、徐信忠、赵龙凯：《公司治理和投资者保护研究综述》，载于《管理世界》2006 年第 6 期。

　　[51] 陈晓、王琨：《关联交易、公司治理与国有股改革——来自我国资本市场的实证证据》，载于《经济研究》2005 年第 4 期。

　　[52] 冯根福：《中国公司治理基本理论研究的回顾与反思》，载于《财经科学》2006 年第 3 期。

　　[53] 封思贤：《控股股东掠夺：公司治理的新焦点》，载于《当代经济管理》2005 年第 12 期。

　　[54] 肖滕文：《上市公司治理中控制股东与中小股东的代理问题》，载于《财经科学》2001 年第 5 期。

　　[55] 朱峰、曾五一：《中国上市公司控制权滋价研究》，载于《东南学术》2002 年第 5 期。

　　[56] 于鹏飞、刘大莹：《关于股权分置改革的思考》，载于《合作经济与科

技》，2006 年。

[57] 刘汀：《国有股减持方案始末分析》，载于《技术经济与管理研究》2004 年第 3 期。

[58] 耿锁奎、张维然：《解决股权分置问题的投入成本法》，载于《同济大学学报》2005 年第 5 期。

[59] 胡一帆、宋敏、郑红亮：《所有制结构改革对中国企业绩效的影响》，载于《中国社会科学》2006 年第 4 期。

[60] 梅慎实著：《现代公司机关权力构造论》，中国政法大学出版社 2000 年版。

[61] 张忠野著：《公司治理的法理学研究》，北京大学出版社 2006 年版。

[62] 刘银国著：《国有企业公司治理研究》，中国科学技术大学出版社 2008 年版。

[63] 曾德明：《西方国家公司治理机制的比较研究》，载于《经济学动态》1998 年第 5 期。

[64] 朱天：《公司治理、国企改革与制度建设》，载于《经济研究》1998 年第 1 期。

[65] 孙光焰著：《公司治理模式趋同化研究》，中国社会科学出版社 2007 年版。

[66] 杰弗里·N·戈登著：《公司治理（趋同与存续）》，北京大学出版社 2006 年版。

[67] 李明辉：《公司治理全球趋同研究》，东北财经大学出版社 2006 年版。

[68] 吴谦立著：《公司治理——建立利益共存的监督机制》，中国政法大学出版社 2006 年版。

[69] 科思、诺斯、威廉姆森等著：《制度、契约与组织》，经济科学出版社 2003 年版。

[70] 科斯、哈特、斯蒂格利茨等著：《契约经济学》，经济科学出版社 2003 年版。

[71] A. D. 钱德勒著：《大企业和国民财富》，北京大学出版社 2004 年版。

[72] 小艾尔弗雷德·钱德勒著：《规模与范围——工业资本主义的原动力》，华夏出版社 2006 年版。

[73] 何自力著：《公司治理理论、机制和模式》，天津人民出版社 2006 年版。

[74] 贺绍奇著：《经济全球化背景下的公司治理与公司法改革》，中国政法大学出版社 2006 年版。

［75］丁友钢、胡兴国：《内部控制、风险控制与风险管理》，载于《会计研究》2007 年第 12 期。

［76］：谭云清、朱荣林：《产品市场竞争、监督与公司治理的有效性》，载于《上海交通大学学报》2007 年第 7 期。

［77］Ronad H. Codse. The Nature of the Firm：Orijin, Evolution and Development［M］. uk：Oxford University Press, 1991.

［78］O. E. Williamson. Corporate Finance and Corporate Covernance［J］. The Journal of Finance, 1998（43）：567 – 575.

［79］Michael C. Jensen and William H. Meckding. Theory of the firm：managerial behavior, agency costs, and ownership structure［J］. Journal of Financial Economics. 1976, 10（3）：60 – 305.

［80］La Porta, Rafael, Florencio Lopez-de-Silanes, Andrei Shleifer, and Robert W. Vishny. Investor Protection and Corporate Govemance［J］. Journal ofFinancial Economics. 2000（58）：3 – 27.

［81］Hart, Oliver D. Corporate Governance. Some Theory and Implications［J］. Economicdournal. 1995, 430（105）：678 – 689.

［82］Porter, M. E. Capital disadvantage：America's failing capital investment system［J］. Harvard Business Review. 1992（7）：65 – 83.

［83］Roe, Mark J. Some Differencesin Corporate Structure in Germany, Japan, and theUnited States［J］. Yale Law Journal 1992, 102（8）：1927 – 2003.

［84］Korna, János, Eric Maskin, and Gérard Roland. Understanding the Soft Budget Constraint［J］. Journal of Economic Literature. 2003, 41：1095 – 1136.

［85］Hargaret M. Blair. Ownership and Control：Rethinking Corporate Governance for the Twenty-First Century［M］. Washington, D. C. The Brookings Institution, 1995.

［86］John C. Coffee. 1999. The Future as History：The Prospects for Global Convergence in Governance and Its Implication［J］. Columbia Law Review. 1999, 93（3）：1757 – 1831.

［87］Mark J. Roe. Commentary：Chaos and Evolution in Law and Economics［J］. Harvard Law Review. 1996, 109（6）：641 – 668.

［88］Korna, János, Eric Maskin, and Gérard Roland. Understanding the Soft Budget Constraint［J］. Journal of Economic Literature, 2003, 41：1095 – 1136.